Schütze Horoskop 2024

Angeline A. Rubi

Alina A. Rubi

Wer ist Schütze?

Termine: 23. November - 21. Dezember

Tag: Donnerstag

Farbe: lila, blau, grün und weiß

Element: Feuer

Kompatibilität: Waage, Zwillinge, Löwe und Widder

Symbol:

Modus: veränderbar

Polarität: männlich

Herrschender Planet: Jupiter

Haus: 9

Metall: Zinn

Quarz: Türkis und Topas

Sternbild: Schütze

Schütze Persönlichkeit

Der Schütze ist eines der positivsten Tierkreiszeichen. Sie sind vielseitig und lieben Abenteuer und das Unbekannte. Sie sind offen für neue Ideen und Erfahrungen und bewahren sich eine optimistische Einstellung, auch wenn es mal schwierig wird.

Sie sind offene und fröhliche Menschen, die positive Energie auf ihre Mitmenschen übertragen. Sie haben eine religiöse und spirituelle Natur und eine hohe Moral.

Der Schütze ist ein Zeichen, das gerne entdeckt, ins Ausland reist, erforscht, Abenteuer erlebt, Risiken eingeht, sein Glück versucht, sein Wissen erweitert und das gesellschaftliche Leben genießt. Der Schütze nimmt das Leben mit Humor, mit Philosophie.

Aufgrund ihres starken Selbstbewusstseins fühlen sie sich zu Risikosportarten und solchen, die sie allein ausüben können, hingezogen. Sie reisen gerne und lernen dabei andere Kulturen und Religionen als ihre eigene kennen, ebenso wie die Natur, das Wissen, die Religion, die Philosophie, die Gesetze, die Gerechtigkeit und die sozialen Normen.

Wenn sie in einer stabilen und ausgewogenen Beziehung leben, zeigen sich Schützen von ihrer besten Seite und werden ausgezeichnete Väter und Ehemänner sein, die ihren Kindern moralische und ethische Werte vermitteln und sich dabei von ihrer heiteren, fröhlichen und enthusiastischen Seite zeigen. Sie sind sehr leidenschaftlich und "carpe diem" könnte ihr Lebensmotto sein, denn sie sind so enthusiastisch, dass sie keine Sekunde ihrer Tage verschwenden wollen. Sie sind gute Freunde, edel, loyal und aufrichtig. Gerade diese Aufrichtigkeit kann sich gegen sie wenden und zu Konflikten mit Menschen führen, die anders denken als sie.

Sie sind einfühlsam, gute Ratgeber, sie sind positiv, sie neigen dazu, die Dinge zu vereinfachen, sie sehen die gute Seite von allem und neigen daher zur Selbsttäuschung. Sie mögen keine Routine, sie sind dynamisch, anpassungsfähig, ehrlich und naiv. Aufgrund ihrer Kühnheit mögen sie die Natur, Reisen und Abenteuer.

Ein Schütze ist eine spirituelle, philosophische und tiefgründige Seele. Eines der Dinge, die den Schützen am meisten ansprechen, ist seine Fähigkeit, das große Ganze zu sehen und Ratschläge für die Probleme seiner Freunde geben zu können. Schütze ziehen Reichtum an oder erzeugen ihn. Sie haben die Ideen, die Energie und das Talent, ihre Visionen in die Tat umzusetzen. Reichtum allein ist jedoch nicht genug.

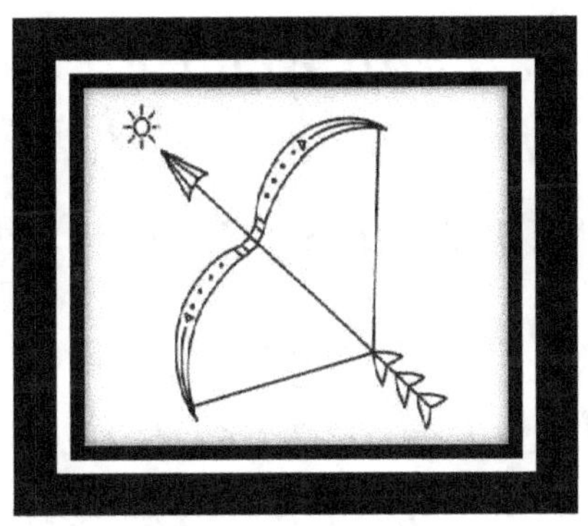

Allgemeines Horoskop für Schütze

Dies wird ein vielversprechendes Jahr für Schütze. Ihr persönliches und berufliches Leben wird gut sein, obwohl sie ihren Anteil an Herausforderungen und Verantwortlichkeiten haben werden.

Sie werden einige wichtige Entscheidungen treffen müssen, deshalb sollten Sie sich auf den Rat Ihrer Freunde und Angehörigen verlassen.

Dies ist eine Zeit, die Sie aus Ihrer Routine herausholt und Sie ermutigt, Ihre Lebensziele zu verfolgen. Dies wird ein Jahr sein, das Ihnen ein Gefühl der Erfüllung geben wird.

Dies ist ein Glücksjahr für Schütze, aber harte Arbeit und Engagement sind der Schlüssel zum Erfolg. Seien Sie nicht kurzsichtig, sondern lernen Sie, das große Ganze zu sehen. Alle deine Schritte sollten mit Bedacht gemacht werden.

Ab dem 25. Mai wechselt Jupiter, dein Herrscher, in die Zwillinge. Dies wird dir helfen, deiner Bestimmung näher zu kommen.

Während der rückläufigen Phase des Merkurs wollen Sie wahrscheinlich einen Neuanfang planen und sich auf zweite Chancen konzentrieren.

Während der Neumondphasen können sich Ihnen einzigartige Gelegenheiten bieten, deshalb müssen Sie Ihre Entscheidungen sehr klug treffen und Vertrauen in sich selbst haben.

Während der Vollmondphasen sind Ihre Emotionen auf dem Höhepunkt, Sie sollten Ihren Wünschen und Bedürfnissen mehr Aufmerksamkeit schenken.

Die Gesundheit der Schützen wird in diesem Jahr durchschnittlich sein. Sie sollten wachsam sein und sich um Ihr allgemeines Wohlbefinden sorgen. Sie werden Phasen mit viel Stress und Angst haben, die Ihre Gesundheit stark beeinträchtigen. Ungesunde Gewohnheiten könnten sich auf Ihre Herzgesundheit auswirken.

Seien Sie vorsichtig mit Abhängigkeiten. Ruhen Sie sich ausreichend aus und essen Sie lieber selbst gekochte Mahlzeiten als Fast Food.

Das Jahr ist günstig für Ihr Familienleben, Sie werden Wohlstand und Glück in Ihrem Haus haben.

Allerdings kann die Gesundheit Ihrer Kinder Sie zur Sorge veranlassen.

Diejenigen, die sich ein Baby wünschen, werden in den letzten Monaten des Jahres 2024 schwanger werden können.

Die Liebe wird aufblühen, aber Sie müssen versuchen, alle Differenzen, die in Ihrer Beziehung bestehen, zu lösen.

Liebe

In diesem Jahr werden Sie besonders auf Ihre Liebesbeziehungen achten, da sich bestehende Probleme verschlimmern könnten. Sie müssen daran arbeiten, Blockaden in der Liebe zu beseitigen.

Während der Finsternis Perioden können Sie sich wieder mit alten Lieben verbinden. Finsternisse können dich daran erinnern, fröhlich zu sein, Spaß zu haben und die Liebe in dein Leben zu lassen, wenn du Single bist.

Die Vollmondphasen bringen Sie näher an diejenigen heran, zu denen Sie eine starke Bindung haben und mit denen Sie sich geistig verbunden fühlen, aber Sie werden sich von giftigen Menschen fernhalten.

Jupiter wird nach dem 25. Mai und für den Rest des Jahres 2024 Energie in Ihre Beziehungen bringen. Du wirst die Gelegenheit haben, viele wichtige Menschen zu treffen, und aus diesen neuen Verbindungen kann eine Liebe entstehen.

Wenn Sie in einer Beziehung sind, können Sie sich entscheiden, sich zu binden.

In Neumondperioden sind Sie offen für Verpflichtungen und für emotionale und körperliche Bindungen mit anderen. Sentimentalität, Sinnlichkeit, Leidenschaft und jede Menge Spaß warten auf Sie.

Uranus bringt weiterhin Veränderungen in Ihr Arbeitsleben, aber Jupiter gibt Ihnen die Möglichkeit, die von Ihnen gewünschten Veränderungen vorzunehmen.

Sie werden neue Möglichkeiten für Projekte oder eine völlig neue Aufgabe haben, die Sie begeistern wird.

Behalten Sie die Neumondphasen im Auge, denn während dieser Zeit ergeben sich für Sie neue Gelegenheiten zum Wohlstand.

Sie werden produktiver, effizienter und organisierter sein, und alle Projekte, an denen Sie beteiligt sind, werden ab August viele Früchte tragen, d.h. eine Menge Geld einbringen.

In Vollmondperioden fühlen Sie sich emotional mit Ihrer Arbeit oder Ihrem Beruf verbunden. Während dieser Perioden nähern Sie sich dem Ende einer für Sie finanziell wichtigen Phase.

Sie müssen einen Finanzplan haben und klug investieren. Lassen Sie sich nicht zu gewöhnlichen Anlagemöglichkeiten hinreißen, denn Sie können Ihr Kapital verlieren. Jupiter und Saturn begünstigen Ihre langfristigen Investitionspläne. Im Allgemeinen ist dies ein Jahr, in dem Sie keine finanzielle Krise spüren werden.

Schütze Gesundheit

Da Sie ein so aktives Zeichen sind, laufen Sie Gefahr, nicht zu merken, wie sich chronische Müdigkeit und Stress ansammeln. Es ist ratsam, dass Sie sich Zeit für die Entspannung nehmen. Massagen, Gespräche mit Freunden und Spaziergänge am Strand verbessern Ihre Stimmung und Ihren Appetit.

Es wird empfohlen, sich gesund zu ernähren und darauf zu achten, dass Sie genügend vitaminreiche Lebensmittel zu sich nehmen. Bei einem Mangel an bestimmten Vitaminen können Sie Hautprobleme bekommen.

Sie sollten nervöse Spannungen vermeiden und nicht so viele Aufgaben auf einmal übernehmen. Ein Urlaub am Meer wäre nicht nur aufregend, sondern würde sich auch positiv auf Ihr körperliches und geistiges Wohlbefinden auswirken.

Einige Schützen werden mehrere Zahnarzttermine wahrnehmen müssen, und andere werden sich traurig von ihren Lieblingsspeisen verabschieden. Sie müssen eine Diät machen.

Jede Anstrengung wird nicht umsonst sein. Mäßigung und die Konzentration auf Ihre Gesundheit werden zu Quellen des Optimismus.

Familie

Vielleicht gibt es einige nebulöse Themen in Ihrem Haus, aber diese Ereignisse werden Ihre emotionale Intuition stärken.

Einige alte Probleme im Zusammenhang mit Ihrem Zuhause und Ihrer Familie müssen beseitigt werden. Dies können mehrere Perioden der Ungewissheit, der Instabilität oder des Mangels an familiärer Bindung bedeuten.

Sie könnten an einen anderen Ort umziehen, eine Immobilie kaufen, die Familie vergrößern oder große familiäre Aufgaben übernehmen. Neumondperioden sind diejenigen, die diese Gelegenheiten bringen können.

Seien Sie während einer Mondfinsternis sehr vorsichtig, denn diese starke Energie kann familiäre Probleme verstärken. Das Klügste wäre, zu versuchen, die Dinge vor der Finsternis zu verbessern.

Wichtige Termine

01/ 02- Merkur läuft direkt in Schütze durch.

Sie werden fließender kommunizieren können, Ihre Gedanken werden sich leichter auf die Zukunft konzentrieren.

23.05. Vollmond in Schütze.

Sie werden die Gelegenheit haben, Denkweisen loszulassen, die Ihr Wachstum einschränken. Es ist die perfekte Zeit, um Ihre Perspektive zu erweitern und mehr Selbstvertrauen zu gewinnen. Dieser Vollmond markiert das Ende von emotionalen Bindungen, die nicht mit Ihrer Energie übereinstimmen. Ein Kapitel in Ihrem Leben, das mit finanziellen Angelegenheiten zu tun hat, schließt sich. Sie müssen ein Gleichgewicht in Ihren täglichen Abläufen finden.

17.10. Venus läuft durch Schütze.

Es ist die Zeit der Eroberung, denn Ihre Aura wird magnetisch sein. Ernsthaftigkeit wird nicht Teil Ihrer romantischen Pläne sein und Sie werden die Gelegenheit haben, neue Dinge auszuprobieren.

11/ 02- Merkur läuft durch Schütze.

Sie werden ein besseres Verständnis für die Beweggründe und Handlungen der Menschen haben.

21.11. Sonne tritt in Schütze ein.

26.11. Merkur rückläufig in Schütze.

Vermeiden Sie es, Vereinbarungen zu unterschreiben. Denken Sie über Ihre Vergangenheit nach, lernen Sie, um Verzeihung zu bitten und seien Sie flexibel in Ihrem Zeitplan. Planen Sie alles im Voraus. Treffen Sie keine wichtigen Entscheidungen.

12/ 01- Neumond in Schütze.

Analysieren Sie Ihre persönlichen Beziehungen, nehmen Sie die Dinge gelassen und befreien Sie sich von Stress. Beseitigen Sie Routine, planen Sie neue Dinge mit Mühe und Hingabe. Setzen Sie sich feste Ziele.

12/ 06- Sonne steht in Konjunktion mit Merkur in Schütze.

Der perfekte Tag für Sie, um Ihre Ideen mit Klarheit und Selbstvertrauen zu vermitteln.

15.12. - Merkur direkt in Schütze.

Sie werden fließender kommunizieren können, Ihre Gedanken werden sich leichter auf die Zukunft konzentrieren.

Monatliche Horoskope für Schütze 2024

Januar 2024

Diesen Monat werden Sie etwas mehr Geld erhalten, verschwenden Sie es nicht. Es ist immer gut, einen Notfallplan zu haben, falls etwas schief geht.

Es ist ein Monat, in dem man im Leben der Menschen, die man liebt, präsenter sein sollte. Das heißt nicht, dass man jeden Tag mit ihnen verbringt, aber man sollte sich die Zeit nehmen, einige Tage im Monat gemeinsam zu verbringen.

Mitte des Monats werden Sie sich sehr enthusiastisch fühlen, und Sie sollten diesen Enthusiasmus durch die Dekoration Ihres Hauses kanalisieren.

Sie werden nicht in der Lage sein, mit jemandem am Arbeitsplatz eine Einigung zu erzielen, und leider wird sich diese Situation über mehrere Wochen hinziehen. Denken Sie daran, dass die Kommunikation ein sehr wichtiger Teil dieser Diskussion ist.

Sie fragen sich vielleicht, ob Sie einer Bitte einer Person, die Sie nicht bemerkt haben, nachkommen sollten. Sie sollten es tun, denn diese Person wird eine besondere Rolle in Ihrem Leben spielen, und es wird eine einzigartige und notwendige Geschichte bedeuten. Eine Geschichte der wahren Liebe.

Sie verzichten auf Geld, wenn Sie Ihren Arm nicht in einem unwichtigen Streit aufgeben.

Glückszahlen

12-19 -21 -33-36

Organisieren Sie Ihren Zeitplan besser, damit die notwendige Schlafzeit nicht beeinträchtigt wird. Ihre Träume werden Sie nur dann leiten, wenn Sie ihnen die nötige Zeit und den nötigen Raum geben.

Geschenke sind ein wesentlicher Bestandteil der Romantik, aber diese Geschenke sind kein Ersatz für Anwesenheit und Fürsorge, Qualitätszeit und Liebe selbst.

Wenn Sie allein sind, lassen Sie nicht zu, dass der Neid Sie dieser Person näherbringt, es war der Partner von jemandem, der ungelöste Probleme mit Ihnen hat, aber Liebe kann nicht Rache sein.

Sie werden ein sehr gutes Angebot von jemandem erhalten, der davon überzeugt ist, dass Sie in der Lage sein werden, es zu erfüllen, zeigen Sie Ihre Wertschätzung dafür, dass Sie für dieses Angebot in Betracht gezogen werden und versuchen Sie es.

Vergessen Sie nicht, dass Sie sich über alle neuen Technologien und Studien auf dem Laufenden halten müssen, die in dem von Ihnen ausgeübten Beruf veröffentlicht wurden.

Habt keine Angst, wieder zu lieben, die Person, die in euren Leben getreten ist, lässt euch die Dinge anders sehen, aber ihr habt Angst, euch wegen der schlechten

Erfahrungen, die ihr gemacht habt, hinzugeben, vertraut mehr auf das Leben.

Glückszahlen

4 - 17 - 20 - 33 - 35

März 2024

In diesem Monat wirst du eine wichtige Entscheidung in der Liebe treffen müssen, da wahrscheinlich eine Person, die du sehr magst, nicht das Gleiche für dich empfindet. Du solltest aufpassen, denn es gibt jemand anderen in deinem Leben, der seine ganze Aufmerksamkeit auf dich richtet, und du wolltest ihm keinen Zugang zu deinem Herzen geben, du solltest gut analysieren, was du willst.

Du solltest nicht zu unberechenbarem Verhalten neigen, nur weil einige deiner Freunde es tun, das ist nicht fair gegenüber den Menschen, die dich lieben. Wenn du einen Moment der Charakterschwäche hast und Dinge ausprobieren willst, die du nicht tun solltest, solltest du zuerst über die Konsequenzen nachdenken, die das für deine Familie und deine Zukunft haben wird.

Ein Fehler, den Sie in der Vergangenheit gemacht haben, wird Sie wieder einholen, so dass Sie sich vielleicht entschuldigen oder eine Schuld begleichen müssen.

Am Ende des Monats beschleunigt sich die Geschwindigkeit Ihres Denkens, und Sie werden feststellen, dass das, wofür Sie früher Stunden gebraucht haben, nun in wenigen Minuten erledigt ist.

Mit dieser mentalen Veranlagung können Sie viele Dinge erreichen.

Glückszahlen
2 - 10 - 18 - 19 - 23

April 2024

In diesem Monat sollten Sie nicht alles aufschieben, was Sie tun möchten, weil Sie eine Verpflichtung haben. Es ist an der Zeit, Ihr Leben selbst in die Hand zu nehmen und Ihre Prioritäten zu ordnen, wozu auch immer die Zeit für die Dinge gehören sollte, die Ihnen Spaß machen.

Sie können nicht über das Leben aller Menschen wachen. Sie müssen Ihre Mitmenschen wissen lassen, dass sie ihre eigenen Entscheidungen treffen müssen, denn Sie werden nicht immer da sein, um ihnen zu helfen.

Jemand hat deine Freundlichkeit ausgenutzt, du hast darüber nachgedacht, aber du wolltest die Wahrheit nicht akzeptieren, jetzt ist es an der Zeit, es zu tun, denn du kannst nicht länger akzeptieren, dass du für deine Bemühungen keine Gegenleistung erhältst.

Ihr Geist befindet sich in einer Phase großer Kreativität. Sie haben einen ständigen Durst nach Informationen. Stillen Sie Ihren Durst, indem Sie einen Fortbildungskurs besuchen, der Ihnen hilft, in Ihrem Beruf besser zu werden.

Es gibt Leute, die den Ruf Ihres Partners durch die Verbreitung von Gerüchten schädigen wollen. Sie sollten gut zuhören und sich vor solchen Leuten schützen.

Glückszahlen

2 - 8 - 26 - 30 - 33

Mai 2024

Dies ist ein perfekter Monat, um zu verhandeln und Geschäfte abzuschließen. Das Geld wird auf mysteriöse Weise zu Ihnen kommen.

Denken Sie daran, dass Übermaß ein Feind ist. Organisation wird in diesem Monat der Schlüssel sein, zusammen mit Geduld und der Fähigkeit, Negatives in Positives zu verwandeln.

Sie müssen sich bemühen, ein Gleichgewicht zwischen zuhause, Familie, Freunden und Ihrer finanziellen Zukunft herzustellen.

Im Namen der Liebe müssen Sie Ihr Flirten zurückhalten. Richte dein Herz und deine Wünsche aus.

Versuchen Sie immer, pünktlich zur Arbeit zu erscheinen, alle Ihre Aufgaben zu erledigen und sehr verantwortungsbewusst zu sein.

Wenn Sie Single sind, haben Sie die perfekte Gelegenheit, eine neue Liebe zu finden. Wenn Sie eine feste Beziehung haben, ist es an der Zeit, die sentimentalen Bindungen zu stärken, und wenn Sie eine Fernbeziehung führen, vergessen Sie nicht zu zeigen, wie sehr Sie sich um Ihren Partner sorgen.

Es kann einige Beschwerden aufgrund von Leberproblemen geben, halten Sie sich unter Kontrolle, schränken Sie den Alkoholkonsum ein und

achten Sie auf eine gute Ernährung, um Ihren Körper
zu entlasten.

Glückszahlen
5 - 12 - 16 - 22 - 27

Juni 2024

Sie vergeuden Ihre Zeit und Ihr Talent; Sie sollten nicht aufgeben, denn Ihre Bemühungen werden belohnt werden. Planen Sie Ihre Wirtschaft, wenn Sie keine unangenehmen Überraschungen erleben wollen. Sie müssen alle Entscheidungen mit großem Mut treffen.

Sie haben in letzter Zeit viel Stress gehabt und die Folgen werden langsam sichtbar. Sie mussten viel ertragen, aber die Probleme beginnen sich zu lösen, und es ist Zeit für Sie, sich zu entspannen.

Unterschätzen Sie nicht einige Veränderungen, einige davon sind positiv, aber andere sind vielleicht nicht so günstig, wie sie auf den ersten Blick erscheinen. Überstürzen Sie nichts und analysieren Sie die Alternativen und Aussichten jeder Option.

Sie werden sich wahrscheinlich mit einem Freund streiten und ihm schließlich Ihr Vertrauen entziehen. Diese ganze Situation ist auf Nervosität wegen wirtschaftlicher Umstände zurückzuführen, die Sie nicht negativ beeinflussen dürfen.

Versuchen Sie, die Chancen zu verinnerlichen, denn Sie werden überrascht sein. Gehen Sie in Ihrem eigenen Tempo, etwas Großes wird kommen.

Glückszahlen

14 - 17 - 24 - 29 - 30

Juli 2024

Denke diesen Monat daran, dass dein Herz und dein Kopf nicht im Konflikt stehen sollten. Du könntest in diesem Monat deinen Arbeitsplatz wechseln, verzweifle nicht.

Sie werden den Mut haben, sich dem Problem der ausstehenden Schulden zu stellen, und in der Lage sein, einen Zahlungsplan auszuhandeln, den Sie sich leisten können.

Nach dem 14. wird es einen Streit mit Ihrem Partner geben, er/sie wird verletzende Dinge zu Ihnen sagen. Es liegt an Ihnen zu entscheiden, ob Sie neben jemandem, der Sie verletzen kann, weitermachen wollen.

An Ihrem Arbeitsplatz gibt es Menschen, die nicht über Ihre Fähigkeiten und Kenntnisse verfügen, aber eine wichtigere und besser bezahlte Position innehaben als Sie. Sie haben das Gefühl, dass Ihre Vorbereitung und Ihr Wissen nicht anerkannt werden, und Sie fühlen sich unterbewertet. All dies geschieht, weil Sie nicht wissen, wie Sie das einfordern können, was Ihnen rechtmäßig zusteht. Sie müssen für das, was Sie wollen, kämpfen und dürfen nicht einfach nachgeben.

Sie sollten sich darauf konzentrieren, eine Richtung einzuschlagen, was Sie in der Zukunft tun oder lassen wollen, haben Sie keine Angst.

Glückszahlen
6 - 8 - 22 - 25 - 35

August 2024

Sie haben nicht die nötige Geduld, um langfristige Beziehungen zu pflegen. Sie wollen immer sofortige Ergebnisse, was Ihrem Wachstum im Wege stehen kann.

Sie nehmen an einer Gruppenparty teil, bei der Sie und Ihre Traumfrau oder Ihr Traummann früher gehen, um Zeit für ein intimes Gespräch zu haben.

Um die Wege der Liebe zu verstehen, musst du deine Freunde um Rat fragen. Wenn du einen Partner haben willst, musst du dich um ihn kümmern.

Ein perfekter Monat für alle, die ein Haus kaufen wollen, zumindest müssen Sie mit dem Sparen beginnen, um dies tun zu können.

Es gibt eine Person, die großes Interesse an Ihnen hat, aber es verliert, wenn sie sieht, wie kalt Sie sich verhalten.

Sie müssen Ihre Ausgaben kontrollieren; wahrscheinlich werden Sie Ihr Budget überschreiten, und das wird sich in einer Weise auswirken, die Sie nicht erwarten.

Glückszahlen

5 - 12 - 21 - 22 - 23

September 2024

Dieser Monat deutet nichts darauf hin, dass es in Ihrem Liebesleben größere Veränderungen geben wird. Diejenigen, die in einer festen Beziehung leben, werden keine großen Veränderungen erleben, und auch Singles werden wahrscheinlich nicht ihren Seelenverwandten finden.

Bei dem Unternehmen, für das Sie arbeiten, gibt es vielleicht größere Veränderungen, und vielleicht wird Ihnen sogar angeboten, im Ausland zu arbeiten oder berufsbezogene Reisen zu unternehmen.

Sie werden dazu neigen, Ihrer Gesundheit weniger Aufmerksamkeit zu schenken. Es ist wichtig, dass Sie versuchen, dieser Tendenz nicht zu verfallen. Eine gute Ernährung, Bewegung und ein gesunder Lebensstil werden Sie mit Vitalität erfüllen. Sie sollten Exzesse vermeiden; Sie könnten gestresst oder ängstlich werden.

Es können sich Möglichkeiten für Romanzen außerhalb Ihrer Ehe ergeben, aber das bedeutet nicht, dass Sie diese ausnutzen werden.

Wie auch immer, Ihre Beziehung als Paar wird auf die Probe gestellt. Es ist wichtig, dass Sie sich bei kleinen Missverständnissen nicht zurückziehen und denken, dass sich alles von selbst löst, sondern versuchen,

*durch Gespräche und Zuhören proaktiv an der Lösung
zu arbeiten.*

Glückszahlen
4 - 8 - 12 - 13 – 22

In diesem Monat werden Ihre Arbeit und Ihr Beruf in ihrer Trägheit weitergehen. Sie werden darüber nachdenken, Urlaub zu machen, aus diesem Grund werden Sie nicht viel arbeiten müssen und Sie werden keine wichtigen Entscheidungen treffen müssen.

Finanziell wird es Ihnen ohnehin gut gehen, aber die Dinge werden sich langsam entwickeln. Es ist nicht der Monat für große Investitionen, Sie sollten die Grundlagen für Ihr Leben ohne übermäßige Ausgaben kaufen.

Sie werden gerne Sport treiben und abends mit Ihren Freunden ausgehen.

In der Liebe werden Sie gut abschneiden. Wenn Sie einen Partner haben, wird die Beziehung reibungslos verlaufen. Wenn Sie Single sind, könnte es ein Monat sein, in dem Sie beim anderen Geschlecht sehr erfolgreich sind, so dass Sie mehrere sporadische Beziehungen haben könnten. Das Problem ist, dass Sie sich nicht sicher sind, ob Sie sich binden wollen oder nicht. Selbst wenn Sie jemand Besonderes kennen lernen, werden Sie ihn oder sie entkommen lassen. Ihr Wunsch, voranzukommen, und Ihr Ehrgeiz werden Sie am Ende des Monats dazu bringen, sich auf die Arbeit zu konzentrieren, denn Sie wollen erfolgreich sein. Bei Ihnen zu Hause wird es sehr ruhig sein, aber die

*Herausforderung des Monats besteht darin, Ihre
Arbeit mit Ihrer Familie zu vereinbaren.*

Glückszahlen

4 - 8 - 12 - 13 - 22

In diesem Monat werden Müdigkeit und Stress Sie schwächen; Sie müssen so stark wie möglich bleiben. Schlafen Sie gut, ruhen Sie sich aus, nehmen Sie Vitamine zu sich, tun Sie, was immer nötig ist, damit es Sie nicht zu sehr beeinträchtigt.

Wenn Sie in einer Beziehung sind, werden Sie sich gut fühlen, aber Sie werden anfangen zu fragen, ob diese Beziehung wirklich das ist, was Sie brauchen. Das wird dazu führen, dass Sie sich auf Ihre Gedanken konzentrieren. Wenn Sie allein sind, ist es nicht der richtige Monat, um eine feste Beziehung einzugehen. Nicht, weil Sie keine interessanten Menschen finden werden, sondern weil Sie nicht genau wissen, was Sie wollen.

Wirtschaftlich gesehen ist es eine gute Zeit und das Geld wird leicht fließen. Eine gute Zeit, um langfristig zu investieren, Sie sollten an Ihre Zukunft denken.

Sie sollten die Gelegenheit nutzen und einen Urlaub planen, um sich zu erholen und neue Energie zu tanken. Sie müssen für das kommende Jahr 2025 in Form sein.

Kümmern Sie sich um sich selbst, es bringt nichts, sich bei den Übungen zu verausgaben, nur um sich dann zu verletzen und eine Zeit lang inaktiv zu sein.

Glückszahlen
11 - 12 - 13 - 17 - 25

Wenn Sie einen Partner haben, werden Sie eine gute Ruhe haben, aber Sie werden das Gefühl haben, dass Ihr Partner ein wenig aus dem Takt geraten ist. Das bedeutet, dass Sie nicht synchron sind, aber Sie sollten sich keine Sorgen machen, denn es ist nicht Ihre Schuld, es ist sie, die nicht weiß, was sie will. Wenn Sie alleinstehend sind, ist dies ein guter Monat, um Leute kennenzulernen. Überstürzen Sie nichts, nehmen Sie sich Zeit, die Person gut kennen zu lernen und machen Sie keinen Fehler.

Sie werden Geld aus verschiedenen Quellen erhalten, das Ihr Bankkonto bis zum Überlaufen füllt. Wenn Sie Investitionen haben, werden diese Ihnen Gewinne bescheren. Sie werden sich glücklich fühlen, und Sie werden sich einige Annehmlichkeiten und Marotten gönnen können. Die Leute werden Sie als Millionär sehen. Es ist ein fantastischer Monat für Ihre Wirtschaft.

Ihr Haus wird sehr gut sein, denn Sie werden so gut mit Geld umgehen, dass Sie ihnen Geschenke machen können. Sie werden sich geliebt fühlen, und Sie werden ihre bedingungslose Unterstützung spüren.

Sie werden Energie haben, um zu tun, was Sie wollen. Sie werden Spaß an sich selbst haben. Ihr Image wird

attraktiv sein, und Sie werden sich zufrieden fühlen.
Vermeiden Sie Unfälle.

Glückszahlen
2 - 7 - 17 - 25 - 36

Die Tarotkarten, eine rätselhafte und psychologische Welt.

Das Wort Tarot bedeutet "Königsweg", es ist eine jahrtausendealte Praxis, es ist nicht genau bekannt, wer das Kartenspiel im Allgemeinen und das Tarot im Besonderen erfunden hat; es gibt die unterschiedlichsten Hypothesen in diesem Sinne.

Manche sagen, dass sie in Atlantis oder Ägypten entstanden sind, andere wiederum glauben, dass die Tarots aus China oder Indien, aus dem alten Land der Zigeuner oder durch die Katharer nach Europa gekommen sind. Tatsache ist, dass Tarotkarten astrologische, alchemistische, esoterische und religiöse Symbolik destillieren, sowohl christliche als auch heidnische.

Wenn man bis vor kurzem das Wort "Tarot" erwähnte, stellten sich manche Leute einen Zigeuner vor, der in einem von Mystik umgebenen Raum vor *einer Kristallkugel sitzt, oder sie dachten an schwarze Magie oder Hexerei, aber das hat sich heute geändert.*

Diese uralte Technik hat sich der neuen Zeit angepasst, sie hat sich mit der Technologie verbunden, und viele junge Menschen interessieren sich sehr dafür.

Junge Menschen haben sich von der Religion abgekapselt, weil sie glauben, dass sie dort nicht die Lösung für ihre Bedürfnisse finden, sie haben die Dualität der Religion erkannt, was bei der Spiritualität nicht der Fall ist. Überall in den sozialen Netzwerken findet man Konten, die dem Studium und den Tarot-Lesungen gewidmet sind, da alles, was mit Esoterik zu tun hat, in Mode ist, in der Tat werden einige hierarchische Entscheidungen unter Berücksichtigung des Tarots oder der Astrologie getroffen.

Bemerkenswert ist, dass die Vorhersagen, die normalerweise mit dem Tarot zu tun haben, nicht die gefragtesten sind, sondern die, die mit Selbsterkenntnis und spiritueller Beratung zu tun haben, am meisten nachgefragt werden.

Das Tarot ist ein Orakel, durch seine Zeichnungen und Farben, stimulieren wir unsere psychische Sphäre, den innersten Teil, der über das Natürliche hinausgeht. Viele Menschen wenden sich an das Tarot als spirituelle oder psychologische

Führer, weil wir in unsicheren Zeiten leben, und dies drängt uns, Antworten in der Spiritualität zu suchen.

Es ist ein so mächtiges Werkzeug, das Ihnen konkret sagt, was in Ihrem Unterbewusstsein vor sich geht, so dass Sie es durch die Linse einer neuen Weisheit wahrnehmen können.

Carl Gustav Jung, der berühmte Psychologe, verwendete die Symbole der Tarotkarten in seinen psychologischen Studien. Er schuf die Theorie der Archetypen, in der er eine umfangreiche Summe von Bildern entdeckte, die in der analytischen Psychologie helfen.

Die Verwendung von Zeichnungen und Symbolen, die an ein tieferes Verständnis appellieren, wird in der Psychoanalyse häufig eingesetzt. Diese Allegorien sind ein Teil von uns und entsprechen den Symbolen unseres Unterbewusstseins und unseres Geistes.

Unser Unbewusstes hat dunkle Bereiche, und wenn wir visuelle Techniken verwenden, können wir verschiedene Teile davon erreichen und Elemente unserer Persönlichkeit enthüllen, die wir nicht kennen. Wenn Sie diese Botschaften durch die bildhafte Sprache des Tarots entschlüsseln können, können Sie wählen, welche Entscheidungen Sie im Leben treffen, um das Schicksal zu erschaffen, das Sie wirklich wollen.

Das Tarot mit seinen Symbolen lehrt uns, dass ein anderes Universum existiert, vor allem in der heutigen Zeit, in der alles so chaotisch ist und für alles eine logische Erklärung gesucht wird.

Glücksrad Tarotkarte für Schütze 2024

Günstige Veränderungen, Glück, neue Bedingungen und Verbesserungen.

Erfolg und Entwicklung dank Ihrer Kreativität, Glück bei Glücksspielen, Gleichgewicht zwischen gegensätzlichen Kräften. Diese Karte repräsentiert das Prinzip der Polarität, das uns dazu bringt, Veränderungen mit Mut zu begegnen.

Er symbolisiert die Zyklen des Lebens und spricht von Neuanfängen, von Veränderungen, die vom Schicksal bestimmt werden und sich daher Ihrer Kontrolle entziehen.

Die Lust auf Abenteuer, Spontaneität und gute Laune.

Sie verheißt Siege und Erfolg. Sie müssen jedoch bedenken, dass Ihnen nichts auf einem Silbertablett serviert wird.

Auch wenn der Erfolg an Ihre Tür klopft, müssen Sie sich weiterhin um ihn bemühen.

Es bedeutet einen wohlverdienten Sieg.

Er symbolisiert harte Arbeit und Hingabe und zeigt an, dass Erfolg nicht einfach zu haben ist, sondern man ihn sich verdienen muss.

Sie müssen Ihr Schicksal in die Hand nehmen und sich darauf vorbereiten, die Chancen zu nutzen, die das Jahr 2024 Ihnen bietet.

Runen des Jahres 2024

Runen sind eine Reihe von Symbolen, die ein Alphabet bilden. "Rune" bedeutet Geheimnis und symbolisiert das Geräusch, wenn ein Stein auf einen anderen trifft. Runen sind eine uralte visionäre und magische Methode.

Runen dienen nicht für exakte Vorhersagen, aber sie dienen dazu, Sie über ein zukünftiges Ereignis, ein Thema oder eine Entscheidung zu informieren.

Die Runen haben eine bestimmte Bedeutung für die Person, die es will, sondern auch einige Nachricht im Zusammenhang mit den Widrigkeiten, die im Leben entstehen.

Thurisaz, Rune des Schütze 2024

Dies ist das Jahr, in dem Entscheidungen getroffen werden müssen. Denken Sie jedoch daran, dass eine übereilte Entscheidung zu schweren Fehlern führt. Vermeiden Sie daher impulsive Handlungen und versuchen Sie nicht, etwas zu tun, was Ihre Fähigkeiten übersteigt. Mit anderen Worten denken Sie gut nach, bevor Sie handeln.

Es gibt immer äußere Faktoren, auf die Sie keinen Einfluss haben, also müssen Sie tolerant sein.

Sie haben noch einen langen Weg vor sich, Sie sollten abwarten und, bevor Sie den ersten Schritt tun, die Situation, die Vergangenheit, Ihre Fehler und Erfolge analysieren. Dann werden Sie zu gegebener Zeit die richtige Entscheidung treffen können.

Handeln Sie erst, wenn die Bedingungen günstig sind.

Die Arbeit, die Sie tun müssen, ist nicht nur äußerlich, sondern Sie müssen auch in aller Ruhe Ihr Herz und Ihre Seele überprüfen. Analysieren Sie, wie Sie jetzt angekommen sind, und visualisieren Sie die Erfolge und Herausforderungen, bevor Sie handeln.

Thurisaz warnt Sie, dass das, was Sie wirklich vor sich haben, das Spiegelbild dessen ist, was in Ihrem Unterbewusstsein verborgen ist.

Die Energie des Konflikts, den ihr gerade durchlebt, ist neutral, deshalb müsst ihr die damit verbundene Dynamik akzeptieren.

Diese Rune verkündet, dass du geschützt bist und die Kraft hast, jedes Hindernis zu überwinden.

Glückliche Farben

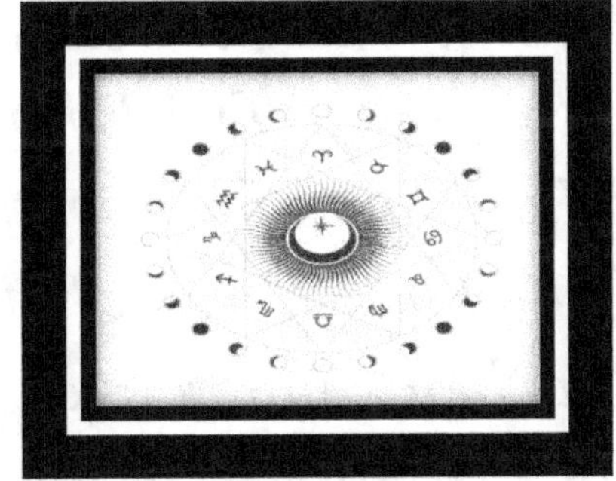

Farben haben eine psychologische Wirkung auf uns; sie beeinflussen unsere Wertschätzung von Dingen, unsere Meinung über eine Sache oder eine Person und können dazu verwendet werden, unsere Entscheidungen zu beeinflussen.

Die Traditionen zur Begrüßung des neuen Jahres variieren von Land zu Land, und in der Nacht zum 31. Dezember ziehen wir Bilanz über all die positiven und negativen Dinge, die wir im zu Ende gehenden Jahr erlebt haben. Wir beginnen zu überlegen, was wir tun können, um unser Glück im neuen Jahr zu verbessern.

Es gibt mehrere Möglichkeiten, positive Energien zu uns zu ziehen, wenn wir das neue Jahr empfangen, und eine davon ist, Accessoires in einer bestimmten Farbe zu tragen, die das anzieht, was wir uns für das neue Jahr wünschen.

Farben haben energetische Ladungen, die unser Leben beeinflussen, daher ist es immer ratsam, das

Jahr in einer Farbe zu beginnen, die die Energien dessen anzieht, was wir erreichen wollen.

Dafür gibt es Farben, die mit jedem Sternzeichen positiv schwingen. Die Empfehlung ist also, dass Sie die Kleidung mit dem Farbton tragen, der Sie im Jahr 2024 Wohlstand, Gesundheit und Liebe anziehen lässt. (Diese Farben können auch während des restlichen Jahres für wichtige Anlässe oder zur Verschönerung Ihrer Tage verwendet werden).

Denken Sie daran, dass es zwar üblich ist, rote Unterwäsche für die Leidenschaft, rosa für die Liebe und gelb oder Gold für den Reichtum zu tragen, dass es aber nie zu viel ist, die Farbe in unsere Kleidung aufzunehmen, die unserem Sternzeichen am meisten entspricht.

Schütze

Orange

Die Schlüsselwörter für Orange sind Energie, Freude, Glück und Kreativität.

Orange ist eine fröhliche Farbe, die hilft, negative Gefühle loszulassen. Wenn Sie sie verwenden, fühlen Sie sich zuversichtlich und haben Verständnis für die Unzulänglichkeiten anderer Menschen.

Orange ist eine Farbe, die den Geist anregt, Illusionen erneuert und antidepressiv wirkt.

Orange wird im Buddhismus häufig verwendet, da sie mit dem Sakral Chakra assoziiert wird und mit Sexualität, Kreativität und Leidenschaft in Verbindung steht. Dieses Chakra wird mit dem Wasserelement in Verbindung gebracht und hilft dabei, Emotionen auszugleichen und die Lebensenergie zu steigern.

Glücksbringer

Wer besitzt nicht einen Glücksring, eine Kette, die nie abfällt, oder einen Gegenstand, den er für nichts auf der Welt hergeben würde? Wir alle schreiben bestimmten Gegenständen, die uns gehören, eine besondere Kraft zu, und dieser besondere Charakter, den sie für uns annehmen, macht sie zu magischen Gegenständen.

Damit ein Talisman wirken und die Umstände beeinflussen kann, muss sein Träger an ihn glauben, was ihn in ein wunderbares Objekt verwandelt, das in der Lage ist, alles zu erreichen, was von ihm verlangt wird.

In der Regel ist ein Amulett ein Gegenstand, der das Gute besänftigt, um Böses, Unheil, Krankheiten und Hexerei zu verhindern.

Amulette für Glück können Ihnen helfen, ein Jahr 2024 voller Segen in Ihrem Zuhause, bei der Arbeit, mit Ihrer Familie zu haben, Geld und Gesundheit anzuziehen. Damit die Amulette richtig funktionieren, sollten Sie sie nicht an andere verleihen und immer zur Hand haben.

Amulette gab es in allen Kulturen und sie werden aus Elementen der Natur hergestellt, die als Katalysatoren für Energien dienen, die dazu beitragen, menschliche Wünsche zu erfüllen.

Dem Amulett wird die Macht zugesprochen, Übel, Zauber, Krankheiten und Katastrophen abzuwehren oder bösen Wünschen entgegenzuwirken, die durch die Augen anderer gewirkt werden.

Pferd

Pferde gelten als Symbole des Reichtums. In der Antike wurden Pferde an Kaiser und Könige verschenkt, weil sie Symbole für Triumph und Erfolg sind.

Pferde stehen für Kraft, Stärke und Mut. Sie sind ein Symbol für Schnelligkeit, Mut und Ausdauer.

Sie werden mit dem Element Feuer in Verbindung gebracht und stehen für Ruhm, Freiheit und das Erreichen von Zielen, die Ihre energetische Stärke erfordern.

Sie können Ornamente mit der Figur eines Pferdes, oder mehrere in das Wohnzimmer, Arbeitszimmer, Büro oder wenn Sie zu Hause arbeiten, legen Sie es auf Ihrem Schreibtisch. Da es als Amulett gilt, um Erfolg und Glück anzuziehen, muss es in Ihrer Nähe sein.

Glücksquarz

Wir alle fühlen uns zu Diamanten, Rubinen, Smaragden und Saphiren, also zu Edelsteinen, hingezogen. Halbedelsteine wie Karneol, Tigerauge, weißer Quarz und Lapislazuli werden ebenfalls sehr geschätzt, da sie schon seit Tausenden von Jahren als Schmuck und Machtsymbol verwendet werden.

Was viele nicht wissen, ist, dass sie nicht nur wegen ihrer Schönheit geschätzt wurden: Jede von ihnen hatte eine heilige Bedeutung, und ihre heilende Wirkung war ebenso wichtig wie ihr dekorativer Wert.

Die meisten Menschen kennen die bekanntesten Kristalle wie Amethyst, Malachit und Obsidian, aber heutzutage sind auch neue Kristalle wie Lari mär, Petalit und Phenakit bekannt geworden.

Ein Kristall ist ein fester Körper mit einer geometrisch regelmäßigen Form, Kristalle entstanden bei der Entstehung der Erde und haben sich im Laufe der Veränderungen auf dem Planeten immer weiter gewandelt, Kristalle sind die DNA der Erde, sie sind Miniaturspeicher, die die Entwicklung unseres Planeten über Millionen von Jahren enthalten.

Einige wurden unter außerordentlichem Druck gebogen, andere wuchsen in tief unter der Erde vergrabenen Kammern heran, wieder andere wurden durch Tropfen ins Leben gerufen. Unabhängig von ihrer Form kann ihre kristalline Struktur Energie absorbieren, bewahren, bündeln und abgeben.

Das Herzstück des Kristalls ist das Atom, seine Elektronen und Protonen. Das Atom ist dynamisch und besteht aus einer Reihe von Teilchen, die sich in ständiger Bewegung um das Zentrum drehen, so dass der Kristall, auch wenn er unbeweglich zu sein scheint, eine lebendige Molekülmasse ist, die mit einer bestimmten Frequenz schwingt, und das ist es, was dem Kristall Energie verleiht.

Edelsteine waren früher ein königliches und priesterliches Vorrecht. Die Priester des Judentums trugen eine mit Edelsteinen besetzte Plakette auf der Brust, die weit mehr als ein Emblem zur Kennzeichnung ihrer Funktion war, denn sie übertrug Macht auf den Träger.

Seit der Steinzeit haben die Menschen Steine getragen, da sie eine Schutzfunktion hatten und ihre Träger vor verschiedenen Übeln bewahrten. Die heutigen Kristalle haben die gleiche Kraft, und wir können unseren Schmuck nicht nur nach ihrer äußeren Attraktivität auswählen. Sie in unserer Nähe zu haben, kann unsere Energie steigern (orangefarbener Karneol), den Raum um uns herum reinigen (Bernstein) oder Reichtum anziehen (Citrin).

Bestimmte Kristalle wie Rauchquarz und schwarzer Turmalin können Negativität absorbieren und strahlen eine reine und saubere Energie aus.

Ein schwarzer Turmalin, den man um den Hals trägt, schützt vor elektromagnetischen Ausstrahlungen, auch vor denen von Mobiltelefonen. Ein Citrin zieht nicht nur Reichtum an, sondern hilft auch, ihn zu bewahren, indem man ihn im wohlhabenden Teil des Hauses platziert (hinten links, weit weg von der Eingangstür).

Wenn Sie auf der Suche nach Liebe sind, können Kristalle Ihnen helfen. Stellen Sie einen Rosenquarz in die Beziehungsecke Ihres Hauses (die hintere rechte Ecke, die am weitesten von der Eingangstür entfernt ist), seine Wirkung ist so stark, dass Sie vielleicht einen Amethyst hinzufügen möchten, um die Anziehung auszugleichen.

Du kannst auch Rhodochrosit verwenden, die Liebe wird deinen Weg finden.

Einige Kristalle enthalten Mineralien, die für ihre therapeutischen Eigenschaften bekannt sind. Malachit hat eine hohe Konzentration an Kupfer, und das Tragen eines Malachit-Armbandes ermöglicht es dem Körper, minimale Mengen an Kupfer aufzunehmen.

Lapislazuli lindert Migräne, aber wenn die Kopfschmerzen durch Stress verursacht werden,

lindern Amethyst, Bernstein oder Türkis oberhalb der
Augenbrauen die Schmerzen.

Quarze und Mineralien sind Juwelen von Mutter
Erde. Geben Sie sich die Gelegenheit und verbinden
Sie sich mit der Magie, die sie ausstrahlen.

Glücksbringer für Schütze

Achat

Ein Quarz mit großer energetischer Kraft. Er hilft, das
Selbstwertgefühl zu steigern und wandelt negative
Energien in positive um.

Es fördert die emotionale, geistige und körperliche
Stabilität. Es ist gut für Migräne, lindert alle Arten
von körperlichen Beschwerden, wie Muskel-, Gelenk-
und Knochenschmerzen.

Er ist bekannt als der Stein des Vertrauens. Er wird
dir Reichtum und Fülle in allen Bereichen deines
Lebens bringen.

Er hilft, Kreativität und Sicherheit zu entwickeln. Es
ist auch Kräfte zugewiesen, um Flüche zu entziehen.

Wenn Sie es unter Ihr Kopfkissen legen, werden Sie
keine Schlafprobleme haben und Schlaflosigkeit,
nächtlichen Stress oder Angstzustände vermeiden.

Das wird Ihnen eine berechnende Mentalität geben.

Es wirkt wie ein Amulett, so dass die Dinge gut laufen, und Sie erhalten Wohlstand in einem kurzen Zeitraum.

Um von den schützenden Eigenschaften dieses Quarzes zu profitieren, sollten Sie ihn immer bei sich tragen.

Schütze und Tierkreiszeichen Kompatibilität

Schütze

Der Schütze ist ein Zeichen, das unermüdlich Wissen sammelt. Auf seiner Suche nach Nervenkitzel überquert er die Meere und erforscht jeden Winkel des Universums.

Wenn es um die Liebe geht, ist für dieses aktive Feuerzeichen jeder Tag und jede Stunde ein Abenteuer. Jupiter, der Planet des Überflusses, ist der Herrscher des Schützen. Das Glück folgt diesem Zeichen auf Schritt und Tritt, und als astrologischer Zentaur sehnt sich der Schütze nach geistiger, philosophischer und spiritueller Entwicklung und natürlich nach jeder Menge Spaß.

Der Schütze kann alles, selbst die irdischste Tätigkeit, in ein faszinierendes Kunststück verwandeln. Buchstäblich jeder hat eine Geschichte, und da der Schütze ein hervorragender Redner ist, kann er diese Erinnerungen mit Freunden, Familie und Außenstehenden gleichermaßen auf eine Weise teilen, die überall inspiriert und erleuchtet. Außerdem entlockt er seinen Zuhörern ein ansteckendes Lachen.

Da dieses Feuerzeichen attraktiv ist, ist es immer von eifrigen Zuschauern umgeben, mit anderen Worten, dieses Zeichen ist das berühmte Kind des Tierkreises. Als veränderliches Zeichen ist der Schütze auch anpassungsfähig, denn er hat ein tief verwurzeltes Verlangen nach wiederholten Veränderungen. Der Schütze liebt es, sich neue Ethiken, Ideologien und Logiken anzueignen, die Perspektive zu wechseln und - vielleicht am wichtigsten - die Welt zu bereisen.

Der Sternzeichen-Wanderer hat eine wandernde Eigenschaft und kann unbeständig werden, wenn er oder sie zu lange an einem Ort verweilt, daher ist es wichtig, dass dieses Sternzeichen die Freiheit hat, zu erkunden. Nicht jeder kann mit der ständig wechselnden Rastlosigkeit des Schützen mithalten. Wenn es also um Leidenschaft geht, ist dieses Feuerzeichen dafür bekannt, Herzen zu gewinnen.

Der Schütze ist auch der Clown des Tierkreises, der immer eine Geschichte oder einen Witz erzählt, so dass jedes Gespräch von Witz und viel Ernsthaftigkeit durchdrungen ist. Obwohl sie keinen Gegner haben, müssen Schütze mit ihrer scharfen Zunge und ihren satirischen Bemerkungen vorsichtig sein. Gelegentlich überschreitet ihre Energie die Grenze und lässt sie anmaßend oder sogar verächtlich erscheinen.

Die veränderliche Eigenschaft des Schützen macht ihn ein wenig schwierig, wenn es um Entscheidungen geht, wie z.B. eine Verpflichtung in einer Beziehung einzugehen. Da er so viele Möglichkeiten hat, fällt es ihm schwer, sich für die richtige Beziehung zu entscheiden, da er sich gerne alle Optionen offenhält.

Um zu vermeiden, das Gefühl, überschattet, müssen Sie ehrlich mit diesem Zeichen, sprechen Sie mit ihm, fest sein, und alles wird gut, denn wenn es etwas, dass Schütze schätzt, ist Aufrichtigkeit.

Mit seiner unveränderlichen Abenteuerlust ist eine Beziehung mit einem Schützen wie ein Flug in einem Ballon oder ein Fallschirmsprung bei schlechtem Wetter, denn er lebt gerne am Rande, wo die Chance, etwas Neues zu entdecken, größer ist.

Wenn es um Beziehungen geht, werden die Dinge mit dem Schützen brenzlig, denn er könnte ermutigt werden, risikoreiche Beziehungen einzugehen. Es ist nicht leicht, die Aufmerksamkeit des Schützen zu gewinnen, denn der Zentaur bleibt nicht lange genug an einem Ort, um die Motivation aufrechtzuerhalten. Wenn Sie also einen Schützen für sich gewinnen wollen, müssen Sie dieses dynamische Sternzeichen auf Trab halten - scheuen Sie sich nicht, die energischeren Aspekte Ihrer Persönlichkeit zu zeigen.

Der Schütze mag es, wenn man für sich selbst einsteht, also sollte man seinen Kommunikationsstil freundlich halten. Der lebhafte und freigeistige Zentaur neigt dazu, einen sorglosen Aspekt zu haben, wenn es um Sexualität geht, und seine körperlichen Beziehungen können von zufällig bis hin zu festen Beziehungen reichen, und da er ein natürlicher Archäologe ist, ist Sex für dieses feurige Zeichen immer ein Ereignis.

Der Schütze sieht Intimität als eine Gelegenheit zur Selbstentdeckung und intellektuellen Erholung, und wenn es um Sex geht, neigen sie dazu, ernsthaft den Nervenkitzel zu suchen. Wenn Schütze beschließt, sich zu binden, ändern sich die Dinge nicht, Sie müssen versuchen, einen abenteuerlichen Lebensstil 24/7 aufrechtzuerhalten.

In einer ernsthaften Beziehung geht es darum, Schwächen zu teilen, eine Methode der Unterstützung zu schaffen und gemeinsam die Realitäten anzugehen, aber wenn Ihr Zeitplan dem vom Schützen vorgeschlagenen Programm nicht standhält, versuchen Sie, jeden Tag zu einem Erfolg zu machen.

Ziehen Sie in Erwägung, mit Ihrem Zentaur-Partner alternative Wellness-Praktiken zu erforschen; er wird es lieben, seine spirituellen Grenzen mit Ihnen an seiner Seite zu erweitern. Wenn es um Abenteuer geht, ist der Schütze einfach auf der Suche nach einem lustigen Begleiter; er möchte mit jemandem zusammen sein, der ihn herausfordert, seinen Horizont zu erweitern. Vergessen Sie aber nie, dass der Schütze auch in einer Beziehung Grenzen hasst. Wenn Sie sich also in einer Beziehung mit diesem Sternzeichen wiederfinden, sollten Sie sich auf alles gefasst machen. Sie werden nicht wissen, was auf Sie zukommt, aber es wird sicher eine unversöhnliche Fahrt werden.

Grenzen sind nichts Schlechtes; sie bilden sogar einen soliden Rahmen für die Beziehung. Wenn Sie in einer Beziehung mit einem Schützen sind, versuchen Sie von Anfang an Dinge zu schaffen, die die Regeln einer Beziehung klären. Wenn du möchtest, dass dein Schütze dir jeden Abend eine SMS schreibt, solltest du ihm oder ihr das von Anfang an sagen, denn es wird für den Schützen leichter sein, die Beziehung zu verstehen, wenn die Regeln klar sind.
Schütze ist immer auf der Suche nach neuem Nervenkitzel, seine Freiheit muss respektiert werden, um eine langfristige Beziehung gesund zu erhalten, lassen Sie ihn wissen, dass Sie gerne an seinen Beschäftigungen teilnehmen, aber erlauben Sie ihm, die Entscheidung selbst zu treffen und vermeiden Sie es, ihm ein schlechtes Gewissen zu machen, wenn er sich entscheidet, es auf eigene Faust zu tun.

Der Schütze ist sehr aufrichtig, und wenn er eine Trennung einleitet, sind die Bedingungen einfach: Wenn er sagt, es ist vorbei, dann ist es vorbei, und bei ihm gibt es kein Zurück. Da er ein Bohemien ist, fällt es ihm leicht, seine Sachen zu packen und zu gehen, wenn es nicht funktioniert. In der Tat kann der Schütze oft so weitermachen, als hätte es die Beziehung nie gegeben.

Schütze und Widder *sind eine Beziehung voller Energie. Der Schütze hat eine ansteckende Vitalität, ist lustig und neugierig. Kaum jemand kann mit einem*

Schützen im Gleichschritt gehen, aber der Widder bewundert dieses aktive Zeichen und wird von ihm inspiriert. Die mitreißende Energie des Widders wird durch das Feuer des Schützen verstärkt, und in der Beziehung sind beide motiviert, ihre eigene Neugierde zu erforschen. Auch wenn diese Beziehung vielleicht für immer ist, müssen sie vorsichtig sein. Dieses Paar ist ein Treibstofftransporter, da beide Zeichen explosiv sein können. Jeder muss sich verpflichten, dem anderen nach einem Streit viel Raum zur Entspannung zu geben.

Schütze und Stier *haben Bedürfnisse, die ziemlich gegensätzlich sind. Der Stier braucht eine intakte Komfortzone, in der seine Sicherheit nicht bedroht ist, während der Schütze die Aufregung und die Reinheit der Erkundung braucht. Der Stier verbindet Erfolg mit Dingen, während der Schütze seine Errungenschaften mit Abenteuern verbindet. Der Stier ist stolz auf seine festen Gedanken, während der Schütze die Macht schätzt, seine Denkweise zu ändern. Obwohl diese beiden Zeichen in völlig unterschiedlichen Paralleluniversen leben, können sie in einer Beziehung zusammenkommen. Wenn sie einen Weg finden, ihre gegensätzlichen Standpunkte zu schätzen, bietet diese Beziehung ein starkes Gleichgewicht, das beide Zeichen inspiriert.*

Schütze und Zwillinge sind entgegengesetzte Zeichen. Nicht alle entgegengesetzten Zeichen sind kompatibel, aber diese Verbindung ist eine der vollständigen, die es in der Astrologie gibt. Schütze hat mit der allgemeinen Landschaft zu tun. Die Zwillinge hingegen werden durch das, was auf einer konkreteren Ebene existiert, inspiriert. Dieses Luftzeichen erforscht all die kleinen Details und füllt die Lücken des Schützen aus. In der Partnerschaft inspirieren sich diese beiden Zeichen gegenseitig in dem, was sie neugierig macht.

Schütze und Krebs, das ist eine schwierige Beziehung, aber wenn es um Herzensangelegenheiten geht, ist nichts unmöglich. Wenn diese Beziehung am besten ist, ist der Schütze fasziniert davon, seine Geschichten mit dem Krebs zu teilen, der ein ausgezeichneter Zuhörer ist. Allerdings leben diese beiden Zeichen in völlig unterschiedlichen Räumen. Der Krebs braucht ein Zuhause, um sich sicher zu fühlen, während das Glück des Schützen von seiner Unabhängigkeit abhängt, um zu wandern. Ehrliche Kommunikation ist in der Liebe immer der Schlüssel. Wenn diese Zeichen mutig sind, können sie gemeinsam vorwärts gehen und es schaffen.

Schütze und Löwe sind ein Synonym für Leidenschaft und Liebe. Der Schütze wird vom dramatischen Löwen verzaubert, und der Löwe ist vom feurigen Schützen *völlig verzaubert. Für sich genommen haben diese Zeichen zwei der stärksten Naturen des Tierkreises, und wenn sie ihren Strudel erreichen, ist die Dynamik enthusiastisch, kreativ und voller Vitalität. Einfach ausgedrückt, es macht einfach Sinn. Allerdings werden diese hochkompatiblen Feuerzeichen schnell feststellen, dass es so etwas wie eine perfekte Beziehung nicht gibt. Der egozentrische Löwe braucht die Sicherheit und Ehrlichkeit eines verlässlichen Partners, und der Schütze kann das oft nicht bieten. Es ist nichts Persönliches, aber keine Beziehung kann die Freiheit des Schützen ersetzen. Das ist für den Löwen schwer zu akzeptieren, und so verstrickt sich dieses Paar oft in Konflikte.*

__Schütze und Jungfrau__ sind eines der Paare, die am wenigsten überleben werden. Die Jungfrau stempelt und organisiert alles, und der Schütze hasst es, sich abgestempelt zu fühlen. Da der Schütze immer seinem Pfeil hinterherjagt, hat er den Ruf, unzuverlässig zu sein. Die Jungfrau wird logischerweise große Schwierigkeiten haben, mit seiner immer unsicheren Reiseroute auf dem Laufenden zu bleiben, daher muss der Zentaur bei einer Verlobung die Extrameile gehen und seine Jungfrau gut behandeln. Die Jungfrau erfindet nie eine Affäre, aber wenn sich die richtige Gelegenheit bietet, ist sie neugierig. Die Jungfrau ist nüchtern und lässt sich nicht von ihren Begierden hinreißen. Der Schütze lernt gerne. Damit die beiden das Beste aus ihrer Beziehung machen können, sollte die Jungfrau aufhören, alles bis ins kleinste Detail zu untersuchen, und im Augenblick leben; und der Schütze sollte sehr geduldig sein. Wenn Sie beide einverstanden sind, wird Ihr Sexleben sehr angenehm sein.

In dieser Beziehung wird es zu Spannungen kommen. Das Paar muss durch gemeinsame Interessen eine gemeinsame Basis finden und die Möglichkeit erkunden, eine eigene Sprache zu finden, die einzigartig ist.

Schütze und Waage beginnen oft als Freunde, denn beide Zeichen sind sehr intellektuell, so dass sie sich auf einer geistigen Ebene verbinden. Natürlich entwickelt sich schnell eine sexuelle Anziehung. Die Waage wird von Venus regiert, während der Schütze von Jupiter regiert wird, die beiden Planeten, die als Wohltäter bekannt sind. Alles ist bei diesen beiden Zeichen größer als das Leben, sogar Streit. Der Schütze ist manchmal von der verführerischen Natur der Waage enttäuscht, und die Waage kann sich leicht über die schlüssige Haltung des Schützen ärgern. Aber selbst im schlimmsten Fall kommen Schütze und Waage gut miteinander aus. Wenn die Waage von Herzen spricht und der Schütze geduldig bleibt, wird ihre romantische Glut für den Rest ihres Lebens weiterbrennen, auch wenn sich ihre Wege trennen. Die Waage ist sentimentaler als der Schütze, aber es gibt eine große sexuelle Kompatibilität zwischen ihnen. Die verständnisvolle Waage sucht nach Befriedigung und neigt dazu, Sexualität als Kunst zu betrachten. Beide müssen den richtigen Rahmen für die Liebe schaffen.

Schütze und Skorpion sind in mehrfacher Hinsicht sehr unterschiedlich, obwohl beide leidenschaftliche Menschen sind. Die Leidenschaft des Skorpions wird von Emotionen angetrieben, während die Leidenschaft des Schützen von Neugierde angetrieben wird. Wenn sie zusammenkommen, erzeugen diese Leidenschaften eine dynamische Energie, die darauf ausgerichtet ist, das Leben in vollen Zügen zu genießen. Sex kann ihnen dabei helfen, aber damit die Beziehung erfolgreich ist, müssen sie sich engagieren. Skorpion und Schütze mögen etwas Besonderes haben, aber sie müssen sich sehr anstrengen.

Schütze und Schütze, wenn sie ihre Bögen und Pfeile aufstellen und auf ihre Pferde steigen, kommen sie weit. Dieses Paar ist großartig, zusammen reisen sie, lernen und, vielleicht am wichtigsten, haben Spaß. Keiner der beiden nimmt das Leben zu ernst, was es für sie schwierig machen kann, eine dauerhafte, feste

Beziehung einzugehen. Da keiner der beiden Zentauren es wagen würde, den anderen einzuengen, dauert es lange, bis das Schütze-Schütze-Paar offiziell wird. Aber so mögen es diese Schützen nun einmal, und dieses Paar wird sich immer mehr für seine individuellen Neuheiten einsetzen als für das Paar.

Schütze und Steinbock *spüren, wenn sie von Anfang an zusammenkommen, eine Spannung, die schwer zu überwinden ist. Schütze wird von Jupiter regiert, während Steinbock von Saturn beherrscht wird, den beiden Planeten, die in der Astrologie als Rädelsführer gelten. Jupiter hat mit der Ausdehnung von Grenzen zu tun, während Saturn mit Begrenzung verbunden ist. Entsprechend kann diese Beziehung als eine Diskrepanz empfunden werden. Durch aufmerksamen Austausch und gegenseitiges Verständnis kann diese Beziehung jedoch erfolgreich sein. Wahrscheinlich wird der Schütze nie verstehen, warum der Steinbock immer so vorsichtig ist, und der Steinbock ärgert sich über den starren Optimismus des Schützes. Wie auch immer, diese Verbindung basiert auf gegenseitigem Respekt, und wenn Sie beide einander vertrauen und unterstützen, hat die Beziehung das Potenzial, alle Probleme zu überstehen.*

Schütze und Wassermann *haben eine gute Chemie. Beide Zeichen sind unabhängig, und jedes schätzt die einzigartige Lebensauffassung des anderen. Obwohl der Schütze flexibler ist als der Wassermann, wissen beide Zeichen, dass das Leben außerhalb ihrer eigenen Grenzrealität existiert. Schütze und Wassermann wollen gemeinsam die Regeln brechen und das Bestehende herausfordern. Einzigartigkeit und Nonkonformität sind so starke Kräfte in dieser Beziehung, dass es schwierig ist, eine Identität als Paar zu finden.*

Schütze und Fische, *diese Zeichen sind der ultimative Ausdruck ihres Elements in der Astrologie. Der Schütze ist ein rustikales Feuer und die Fische sind ein Abgrund im Meer. Weil beide Zeichen so ausladend sind, kann keines das andere völlig verschlingen. Der Schütze wird sich mit der lebhaften Fantasie der Fische zufriedengeben, während die Fische von der abenteuerlichen Seele des Schützes angeregt werden. Beide Zeichen sind Weltenbummler, so dass es schwierig sein könnte, diese Beziehung zu verankern. Wenn beide jedoch damit zufrieden sind, die Beziehung in einem weniger definierten und subtileren Bereich zu halten, werden sie als ein wirklich fantastisches Paar gedeihen.*

Schütze und Berufung

Der Schütze hat einen heiteren Geist. Sie sind die Person, der seltsame Dinge passieren, so dass sie immer eine Geschichte zu erzählen haben.

Sie schätzen ihre eigene Zeit und die der anderen. Aus diesem Grund widmen sie ihre Aufmerksamkeit nur Menschen, von denen sie das Gefühl haben, etwas lernen zu können.

Es ist inspirierend und gibt anderen das Gefühl, ganz oben zu sein. Sie helfen großzügig.

Beste Berufe

Der Schütze ist dafür bekannt, dass er sich ein Ziel setzt und es erreicht. Sie streben danach, das zu bekommen, was sie wollen. Ihr Glaubenssystem ist unumstößlich.

Sie haben einen natürlichen Enthusiasmus und suchen neue Erfahrungen. Schützen können nicht stillstehen und haben das Bedürfnis, Neues zu entdecken. Tierärzte, Theologen, Juristen, Diplomaten und Reisebüros.

Zeichen, mit denen man keine Geschäfte machen sollte

Der Schütze ist inkompatibel mit Krebs und Skorpion, da diese beiden Zeichen dem emotionalen Wasserelement angehören und Zeit brauchen, um sich sicher zu fühlen, was der Schütze im Geschäftsleben nicht zulässt.

Zeichen, die in Verbindung gebracht werden mit

Es wird positiv mit Fischen, Waage, Steinbock, Krebs und Löwe assoziiert. Diese Zeichen haben eine angeborene Fähigkeit für Geschäfte.

Geld-Rituale

Zauberspruch zur Geldvermehrung.

Sie benötigen:

- 1 Schein eines beliebigen Wertes

- 1 silber- oder goldfarbener Umschlag

- 1 Bleistift, Kugelschreiber oder grüne Tinte

Dieser Spruch sollte möglichst an einem Donnerstag zur Zeit der Sonne, des Planeten Jupiter oder des Mars gewirkt werden.

Auf den Schein schreiben Sie in grüner Farbe auf einer Seite Ihren vollständigen Namen, Ihr Geburtsdatum und Ihren Geburtsort. Auf die andere Seite schreibst du: "Wohlstand und Fülle sind in meinem Leben präsent". Legen Sie den Geldschein in den Umschlag und verschließen Sie ihn. Falten Sie den Umschlag in der Hälfte und legen Sie ihn in Kopfhöhe unter Ihr Bett. Dort sollte er 10 Tage lang liegen bleiben. Nach diesem Zeitraum müssen Sie den Geldschein ausgeben.

Wicca-Geldzauber.

Dieser Zauber ist während der Sonnenwende am wirksamsten.

Besorgen Sie sich ein goldfarbenes Band, das etwa vierzig Zentimeter lang ist. Du nimmst das Band an einem Ende und knotest neun Knoten.

Während du jeden Knoten machst, musst du die folgenden Sätze laut wiederholen: "Ich beginne meinen Zauber mit Knoten Nr. 1.

Mit Knoten #2 wird meine Arbeit wertvoll sein.

Bei Knoten Nr. 3 kommt das Geld zu mir.

Mit Knoten Nr. 4 klopft der Reichtum an meine Tür. Mit Knoten Nr. 5 schreitet meine Wirtschaft voran.

Mit Knoten #6 hat dieser Zauber funktioniert.

Mit Knoten #7 erhalte ich Erfolg in dem, worum ich bitte.

Mit Knoten #8 lächelt das Glück mir zu.

Mit dem Knoten #9 ist alles erfüllt, worum ich gebeten habe". Das Band sollte man bei sich tragen oder an einem Ort aufbewahren, an dem man es täglich ansehen kann.

Zauber des Überflusses.

Sie benötigen:

- 1 Ei

- 1 Stück gelbes Papier

- 1 Stift

- Heiliges Wasser

Machen Sie ein kleines Loch in das Ei und lassen Sie das gesamte Eiweiß und Eigelb abtropfen. Reinige das Ei innen und außen mit Weihwasser.

Als Nächstes nehmen Sie den kleinen Zettel und schreiben den Geldbetrag auf, den Sie erhalten möchten.

Legen Sie das Papier in das Innere des Eies.

Sie können die Außenseite mit dem Symbol des Geldes schmücken.

Vergraben Sie das Ei in Ihrem Garten oder in einer Topfpflanze.

Damit sagen Sie: "In diesem Land vermehrt sich all mein Geld und wächst".

Ritual, um in drei Tagen Geld zu bekommen.

Nimm fünf Zimtstangen, eine getrocknete Orangenschale, einen Liter Vollmondwasser und eine Silberkerze. Koche den Zimt und die Orangenschale in dem Mondwasser.

Wenn sie abgekühlt ist, füllst du sie in eine Sprühflasche. Zünden Sie die Kerze im nördlichen Teil des Wohnzimmers Ihres Hauses an und besprühen Sie alle Räume mit der Flüssigkeit. Wiederholen Sie dabei in Ihrem Geist: "Die Geistführer beschützen mein Haus und lassen mich das Geld, das ich brauche, sofort erhalten".

Wenn Sie fertig sind, lassen Sie die Kerze brennen.

Geld mit einem Weißen Elefanten

Kaufen Sie einen weißen Elefanten, bei dem der Rumpf nach oben zeigt. Stellen Sie ihn in das Innere Ihrer Wohnung oder Ihres Geschäfts, niemals vor die Türen.

Legen Sie am ersten Tag eines jeden Monats einen Geldschein mit dem niedrigsten Wert in den Rüssel des Elefanten, falten Sie ihn der Länge nach in zwei Teile und wiederholen Sie: "Möge er sich mit 100 verdoppeln"; dann falten Sie ihn erneut der Breite nach und wiederholen Sie: "Möge er sich mit tausend multiplizieren".

Falten Sie den Schein auf und lassen Sie ihn bis zum nächsten Monat im Rüssel des Elefanten. Wiederholen Sie das Ritual und wechseln Sie den Geldschein aus.

Ritual des Lottogewinns.

Sie benötigen:

- 2 grüne Kerzen

- 12 Münzen (für die zwölf Monate des Jahres)

- 1 Mandarine

- Zimtstange

- Blütenblätter von 2 roten Rosen

-1 Glasgefäß mit breiter Mündung und Deckel

-1 alter Lottoschein

- Vollmond Wasser

Lege die Mandarine, den Lottoschein, die Münzen, die Blütenblätter und den Zimt in das Glas, bedecke es mit dem Luna-Wasser und lege den Deckel darauf.

Stellen Sie die Kerze auf den Deckel des Gefäßes und zünden Sie sie an. Am nächsten Tag ersetzt du die Kerze durch eine neue und am dritten Tag deckst du das Gefäß auf und wirfst alles weg, außer den Münzen, die als Amulett dienen werden.

Behalten Sie eine in Ihrer Brieftasche und lassen Sie die anderen elf zu Hause. Am Ende des Jahres müssen Sie die Münzen ausgeben.

Ritual zur Verbesserung der Finanzen.

Sie benötigen:

- 12 Münzen

- Mandarinenöl

- 12 goldene Kerzen in Pyramidenform

- 1 weißer Teller

- 12 Zitrinen

- Silbernes Etui

Stellen Sie die brennende Kerze in die Mitte des Tellers und die 12 Münzen kreisförmig darum herum. Legen Sie den Zitrinen neben die Münzen.

Verteile ein paar Tropfen Mandarinenöl um sie herum. Lasse eine goldene Kerze 12 Tage lang brennen. Nach diesem Zeitraum entsorgen Sie die Kerzenreste. Lege den Zitrinen und Münzen in den silbernen Beutel und lege ihn unter deine Matratze am Kopfende deines Bettes.

Das Ritual, immer Bargeld zu haben.

Sie benötigen:

- 1 Kristallglas

- 15 Münzen

- 1 Rechnung für die laufende Nutzung

- 1 goldene Kerze

- 1 neue Nähnadel

- 3 Amethyst-Quarz

Sie müssen dieses Ritual an einem Freitag zur Zeit des Planeten Venus oder der Sonne durchführen.

Lege in den Becher die Münzen, die Amethyste und den in vier Teile gefalteten Geldschein. Schreibe mit der Nadel in die Kerze das Symbol des Geldes ($$).

Du zündest die Kerze an und wiederholst in deinem Geist: "Die Fülle umgibt mich, und ich beanspruche meinen Anteil an dem, was ich in diesem reichhaltigen Universum bekomme".

Sie nehmen den Schein und verstecken ihn in Ihrer Brieftasche.

Der Becher mit den Münzen und den Amethysten sollte links neben der Tür deines Hauses stehen.

Express-Geld-Zauber.

Dieser Zauber ist am wirksamsten, wenn er an einem Donnerstag gewirkt wird.

Du füllst eine Glasschale mit Reis. Dann zünden Sie eine grüne Kerze an (die Sie vorher geweiht haben müssen) und stellen sie in die Mitte der Schale.

Sie zünden den Zimtweihrauch an und umkreisen den Brunnen mit seinem Rauch sechsmal im Uhrzeigersinn.

Wiederholen Sie während dieser Prozedur im Geiste: "Ich öffne meinen Geist und mein Herz für den Reichtum.

Die Fülle kommt zu mir, jetzt und alles ist gut.

Das Universum strahlt jetzt Reichtum in mein Leben."

Reste können im Müll entsorgt werden.

Trank des Wohlstands.

Sieben Zimtstangen, sieben Basilikumblätter, Kamille, Nelken und Vollmondwasser in einen Topf geben. Koche das Ganze 10 Minuten lang. Wenn es den Siedepunkt erreicht hat, nimm es vom Feuer und decke es zum Abkühlen zu. Jeden Tag um 19.00 Uhr trinkst du eine Tasse dieser Zubereitung, der du nach Belieben Honig hinzufügst. Während du es trinkst, wiederhole in deinem Geist: "Mein Reichtum ist bereits in mir. Ich ziehe Geld und wunderbare Gelegenheiten in Hülle und Fülle an. Reichtum ist Teil meiner Existenz."

Ritual, um in Casinos Geld zu gewinnen.

Sie müssen eine grüne Kerze, eine gelbe Kerze, einen weißen Elefanten (Figur), ein gelbes Blatt Papier und einen goldenen Tintenstift besorgen. Sie schreiben auf das Blatt Papier den Namen des Casinos.

Rolle das Papier auf und stecke es in den Rüssel des Elefanten.

Du stellst die grüne Kerze auf die rechte Seite des Elefanten und die gelbe Kerze auf die linke Seite und zündest sie dann an. Dieses Ritual ist am effektivsten an einem Donnerstag zur Zeit des Planeten Jupiter oder der Sonne.

Ritual für Geld mit Santa Muerte

Sie benötigen:

- 1 Bild der goldenen Santa Muerte

- 7 gebräuchliche Münzen

- 1 Magnet

- 1 weißer Teller

- 1 rotes Säckchen

- 1 goldene Schleife

- 1 goldene Kerze

- 1 neue Nähnadel

Du musst mit der Nadel dreizehn Mal das Wort Wohlstand auf die goldene Kerze schreiben.

Stellen Sie diese Kerze vor die Figur, die Sie zuvor auf die weiße Platte mit dem Magneten und den Münzen gestellt haben müssen.

Du zündest die Kerze an und sprichst das folgende Gebet zu Santa Muerte: "Lieber Tod meines Herzens, verlass mich nicht von deinem Schutz, weder Tag noch Nacht, meine Herrin, ich bitte dich, mir den Weg zu Erfolg und Glück freizumachen, damit durch diese heilige Flamme alle meine Bitten zu dir gelangen können. Ich danke Euch, meine Herrin, dass Ihr mich erhört habt". Wenn die Kerze erloschen ist, gib den Magneten und die Münzen in den roten Beutel und binde ihn mit dem goldenen Band zu. Du musst ihn dreizehn Tage lang bei dir tragen.

Dann bringst du sie zu einem Friedhof und lässt sie dort liegen.

Die besten Länder und Städte zum Leben

Länder: *Saudi-Arabien, Australien, Chile, Ungarn, Spanien, Südafrika, Ukraine, Madagaskar, Vereinigte Staaten, Kuba, Mexiko, El Salvador, Panama, Kolumbien, Portugal und Brasilien.*

Die Städte: *Mähren, Toskana, Provence, Narbonne, Buda, Köln, Nottingham, Sheffield, Stuttgart, Santiago de Chile, Santa Clara und Toronto.*

Weihrauch und ätherische Öle für Geld

Palo Santo Weihrauch und ätherisches Öl. Sein Hauptnutzen ist die spirituelle Reinigung, aber es ist perfekt für den Einsatz, wenn Sie in einer Phase der Verhandlung oder Vertragsunterzeichnung sind.

Pflanzen für Geld

Geranie: *ist eine der ältesten Pflanzen, der magische Eigenschaften zugeschrieben werden.*

Er wird für Liebe, Fruchtbarkeit und zum Schutz vor Hexerei verwendet. Ein weiterer Vorteil ist, dass er auch Geld in Ihr Haus lockt.

Quarz für Geld

Orangencalcit: Er *wird verwendet, um Wohlstand und Überfluss ins Haus zu holen. Es ist nicht nur* vorteilhaft für Finanzen, sondern auch für Kreativität und Selbstverbesserung.

Grüner Calcit ist ein mächtiger Talisman, der Reichtum für Ihr Unternehmen anzieht.

Dieser Stein schwingt mit der Energie des finanziellen Überflusses im Universum.

Geld-Anhänger

Die Pentakel des Jupiters, die Ihnen Wohlstand garantieren.

Pentakel sind magische Figuren, die in der Lage sind, positive Energien an ihre Umgebung weiterzugeben. Die Wirkung der Jupiter-Pentakel ergibt sich aus der Kombination von Buchstaben, Zeichen und nützlichen Formeln, sie symbolisieren grafisch und mystisch einen Wunsch. Sie wirken eindeutig auf die Psyche der Menschen, die mit ihm visuellen Kontakt haben.

Die größte Zusammenstellung von Pentakel findet sich in den Claviculae of King Solomon, einem Band der hohen Magie, der diesem biblischen König zugeschrieben wird. Darin finden sich 36 Pentakel, die verschiedenen Zwecken dienen, darunter die sieben Pentakel des Jupiters.

Pentakel auf Gedeihen.

Der Zweck dieser Pentakel ist es, für Fülle zu sorgen, arbeitsbezogene Konflikte zu lösen und zu helfen bei

alle Arten von Vorteilen, die zu mehr Wohlstand führen, direkter wahrnehmen.

Jupiter, der so genannte große Wohltäter in der Astrologie, ist ein Planet, der mit Expansion, Optimismus, Verbindungen zu mächtigen Menschen und der Fähigkeit, Glück zu machen, verbunden ist. Du solltest sie mit großer Konzentration und mit der Absicht zeichnen, dass sie deinen Willen manifestieren. Das geeignetste Material ist ein Stück Pergament. Sobald sie fertig sind, sollten sie an einem gut sichtbaren Ort aufgehängt werden, z. B. an der Kasse oder in der Brieftasche (man kann sie auch ausdrucken).

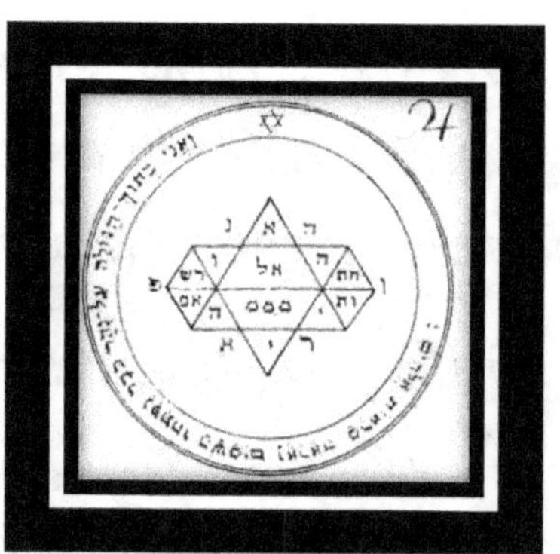

Affirmationen, um Geld zu erhalten

Sie sollten diese Dekrete 21 Tage lang ausführen, damit Sie die Ergebnisse sehen können, wenn möglich dreimal täglich. Wenn du sie laut wiederholst, werden sie noch kraftvoller sein.

Ich bin vollkommene Fülle und göttlicher Reichtum.

- *Ich bin wohlhabend in meinem Geschäft und in meinen Finanzen.*

- *Ich bin die göttliche Weisheit, die auf intelligente Weise alle Existenz gestaltet. Ich gehe sicher durch die Fülle. Ich sehe mich selbst im Wohlstand.*

- *Ich habe die Macht, mir meine eigene Welt zu schaffen. Meine Träume werden wahr, weil ich an ihnen festhalte. Alles, was ich mir vornehme, erreiche ich auch.*

Ferien

Urlaub ist sowohl körperlich als auch geistig gesund. Es ist erwiesen, dass ein Urlaub das Stressniveau senkt und das Immunsystem stärkt. Manchmal verursacht die Urlaubsplanung Stress, weil es unendlich viele Möglichkeiten gibt und die Entscheidung zu einer Schimäre haften Aufgabe wird.

Mit Hilfe der Astrologie lässt sich aus dem Verständnis Ihrer Persönlichkeit der ideale Urlaubsort für Sie ableiten.

***Widder**, ein All-inclusive-Resort mit sportlichen Aktivitäten im Freien an einem warmen Ort wie Punta Cana, Cancún oder den Turks- und Caicosinseln wäre ideal. Australien ist ein aufregendes Land, das eine Fülle von Emotionen bietet, die Ihr Herz höherschlagen lassen.*

***Stier**, ein Aufenthalt in einem luxuriösen Resort auf den Cayman-Inseln oder ein luxuriöser Urlaub in Dubai, in einem Hotel, das alle Annehmlichkeiten bietet, wird sehr verlockend sein. Italien ist ein perfektes Land, denn dort finden Sie alles, wovon Sie schon immer geträumt haben: Liebe, Charme, Luxus, wunderbares Essen und erstklassige Weine.*

Zwillinge lieben es, sich intellektuell zu beschäftigen. Reisen mit geführten Ausflügen wie eine Safari in Afrika oder die Erforschung der Tierwelt auf den Galapagos-Inseln bieten dem Tierkreis-Kommunikator ein luxuriöses Erlebnis.

Krebs, Kurztrips, umgeben von Familie und Freunden. Disney World, die Attraktionen und das vielfältige Angebot an Speisen sind eine Möglichkeit. In Orlando, Florida, gibt es mehrere fantastische Hotels und Resorts, jedes mit einem einzigartigen und faszinierenden Thema.

Ein Aufenthalt in einem Bungalow über dem Meer in Tahiti ist für dieses Sternzeichen fantastisch. Eine andere luxuriöse Alternative, die der Löwe liebt, wäre eine private tropische Insel auf den Malediven, den Fidschi-Inseln oder den Jungferninseln zu mieten.

Jungfrau, Italien ist Ihre beste Wahl. Dieses Land wird Sie gut beschäftigen. Als Erdzeichen sind Sie mit der Welt um Sie herum verbunden. Orte wie La Romana in der Dominikanischen Republik, Puerto Viejo in Costa Rica und Belo Horizonte in Brasilien werden Ihnen Leben einhauchen.

Waage, *ziehe Städte mit Museen vor. Ein Urlaub in den Tropen ist für die Waage nicht so befriedigend wie eine Besichtigung des Louvre in Paris, des Akropolis-Museums in Athen, Griechenland, des Prado-Museums in Madrid, Spanien oder der Uffizien in Florenz, Italien.*

Skorpion, *verbringen Sie ein paar Tage an einem abgelegenen Strand mit Alkohol und Massagen. In Griechenland, Bali, St. Martin oder Hawaii finden Sie all diese Annehmlichkeiten. Der Besuch von Kulturstätten in der Nähe Ihres Luxushotels wäre eine außergewöhnliche Kombination aus Tropen- und Kulturistruls. Mykonos und Roda in Griechenland sind perfekte Reiseziele.*

Schütze, *erkunde den Jakobsweg, ein Netz sehr unterschiedlicher Wege, die alle zur Stadt Santiago de Compostela führen. Jeder Weg hat seine Geschichte, sein Erbe und seine Magie. Der Schütze ist ein Reisender, der sich nach neuen Erfahrungen sehnt. In Irland werden Sie alles finden, was Sie suchen.*

Steinbock, *ein zielorientiertes Zeichen. Ferien, in denen Sie neue Geschäftsbeziehungen knüpfen können. China wäre spektakulär. Steinbock hat einen Sinn für*

historische Werte, den andere Zeichen nicht haben. In
Ländern wie Israel und Ägypten, in denen die
Geschichte präsent ist, werden Sie sich zu Hause
fühlen.

Der Wassermann liebt neue Ideen, unbekannte Orte
und neue Beziehungen. Ein fantastisches Land, das
man besuchen könnte, wäre Japan, nicht nur wegen
seiner faszinierenden Geschichte und Kultur, sondern
weil jede seiner Regionen etwas anderes zu bieten hat.

Fische, ein Wasserzeichen, das sich über tropische
Urlaube freut. Ein Hotel direkt am Strand wäre ideal.
Die Insel "La Dique" in der Republik der Seychellen,
vielleicht der schönste Strand der Welt, wird ein
sicherer Erfolg sein. Fische haben eine ruhige
Lebenseinstellung und werden von Neptun regiert,
was Sie zu einem kreativen Denker macht. Schweden
ist ein Land, das er besuchen sollte, weil er dort eine
Kultur vorfindet, die so innovativ ist wie er selbst.

Wer ist dein Seelenverwandter nach deinem Sternzeichen?

Wenn wir den Begriff "Seelenverwandte" hören, denken wir in der Regel an die Mitglieder eines Paares, d. h. an jemanden, mit dem man eine starke gefühlsmäßige und sexuelle Verbindung hat. Echte Seelenverwandte haben jedoch nicht immer eine solche Beziehung zueinander und sind oft nicht einmal an dem sexuellen Aspekt einer Beziehung interessiert.

Ihr Seelenverwandter kann nicht nur Ihr Partner sein, sondern auch Ihre Eltern, Freunde, Kinder, Großeltern, Ihr Chef oder Ihre Schwester.

Aus astrologischer Sicht und in Anbetracht der Tatsache, dass die Lektionen, die wir lernen müssen, bevor wir die nächste spirituelle Ebene erreichen, diejenigen sind, die die Art der affektiven Beziehungen bestimmen, die wir heute im Leben entwickeln müssen, können wir sagen, dass Krebs und Fische Seelenverwandte des Widders sind.

Mit Krebs und Fische kann der Widder sich nicht nur besser konzentrieren und Konflikte gewaltfrei lösen, sondern auch Empathie entwickeln, d. h. die Fähigkeit, sich in den anderen hineinzuversetzen und zu lernen, zu teilen.

Diese beiden Zeichen mögen keine Konflikte, und wenn sie doch entstehen, ziehen sie den Dialog jeder Episode von Brutalität vor.

Der Widder kann dem Krebs und den Fischen beibringen, nicht auf die Zustimmung anderer angewiesen zu sein, risikofreudiger zu sein und nicht zu versuchen, es allen recht zu machen, d.h. durchsetzungsfähiger zu sein.

Der sinnliche Stier, Feind des Wandels und Verwandter der Trägheit, hat als Seelenverwandte Schütze und Zwillinge, zwei Zeichen, die wissen, dass das Leben eine faszinierende Reise ist, aber keine statische Reise.

Sie können dem Stier beibringen, dass er nicht aus Angst vor Ungewissheit dortbleiben muss, wo er nicht mehr sein muss, und dass es immer bestimmte Situationen oder Umstände geben wird, die eintreten werden, ohne dass wir sie erwarten und ohne, dass wir die Macht haben, sie zu ändern. Der Stier hat diesen Zeichen auch viel zu lehren.

Lektionen über Willenskraft, Verpflichtungen gegenüber anderen, Engagement für das, was sie tun, und Durchhaltevermögen, ohne Eile oder Langsamkeit. Prinzipien zu haben und klug zu sein.

Der Löwe kann mit seinen Seelenverwandten, die der Waage und dem Wassermann angehören, eine Menge Karma ausgleichen.

Ein Löwe kann aus Eitelkeit auf einer falschen Idee oder Überzeugung beharren; Waage und Wassermann wissen, dass hinter einer egozentrischen Person ein geringes Selbstwertgefühl steht.

Die Waage lehrt den Löwen Gleichmut und Toleranz, Argumentation und Diplomatie, um eine reibungslose Kommunikation zu gewährleisten. Wassermann, das gegenüberliegende Zeichen von Löwen, ausgestattet mit einem objektiven und fairen Urteil, da sie nie von Vorurteilen beeinflusst werden, wird Löwe lehren, die Herzen der Menschen zu sehen, ihre Schulter anzubieten und mitfühlende Worte in Zeiten der Not zu geben.

Der Löwe zögert nie, wenn er Entscheidungen trifft, und wenn doch, dann manifestiert er sie nicht, etwas, das die Waage praktizieren sollte.

Treue ist ein Markenzeichen des Löwen, etwas, das der Wassermann nicht kennt, und die kleinen Löwen können ihm moralische Lektionen erteilen.

Die Jungfrau, die wegen ihrer immensen Angst vor dem Scheitern als Perfektionist bekannt ist, hat Skorpion und Steinbock als Seelenverwandte. Jungfrauen sind gerne streng in ihren Entscheidungen und haben einen Prototyp in fast jedem Aspekt ihres Lebens. Diese Selektivität hält sie davon ab, der Bewegung des Lebens zu folgen.

Die Jungfrau wird ein ganzes Projekt buchstäblich in der Luft zerreißen, wenn sie das Gefühl hat, dass es nicht von Anfang an perfekt war, was ein Steinbock niemals tun würde, da ihr Weitblick sie erkennen lässt, dass es immer Alternativen gibt, ohne von vorne anfangen zu müssen.

Der Steinbock ist ein Zeichen, das sich seines eigenen Raumes sicher ist, er trifft keine sinnlosen Entscheidungen, wie es die Jungfrau manchmal tut.

Andererseits kann der Skorpion das Schlimmste abmildern und das Beste der Jungfrau verstärken. Skorpion und Jungfrau haben eine praktische Herangehensweise an das Leben; allerdings ist der Skorpion viel mehr ein Lebenskünstler als die Jungfrau. Der Skorpion bringt die Entschlossenheit mit, die der Jungfrau fehlt, und die Jungfrau bringt dem leidenschaftlichen Skorpion Kontrolle und Rationalität.

Die Jungfrau wird den Steinbock an seiner Seite angenehmer und spielerischer machen und ihn von der übermäßigen Ernsthaftigkeit, die er oft an den Tag legt, isolieren.

Wahnsinn und Tierkreiszeichen

Der Wahnsinn hat sich im Laufe der Geschichte als eine obskure, rätselhafte und widersprüchliche Wahrheit erwiesen. Er hat uns Angst gemacht, wir haben ihn ignoriert und sogar akzeptiert, und infolgedessen wurden die Menschen, die angeblich unter ihm gelitten haben, abgelehnt, eliminiert und geehrt.

Jedes Verhalten, das nicht mit unseren Überlegungen übereinstimmt, ist nicht unbedingt ein Akt des Wahnsinns, sondern eine andere Vorgehensweise.

Es ist ein Fehler, wenn wir, wenn wir uns von den Handlungen oder Dummheiten anderer betroffen oder verärgert fühlen, diese verbannen, denn das macht uns nicht vernünftiger, ausgeglichener oder vollkommener, sondern macht uns genauso verrückt.

Die Definition des Wahnsinns ist ebenso komplex wie die der Vernunft, aber alle Tierkreiszeichen haben ihren Grad an Wahnsinn.

Krebs: Sie sind temperamentvoll. Dies führt dazu, dass sie von außen betrachtet eine unverständliche Persönlichkeit haben. Die Popularität der Verrückten beruht auf ihrem widersprüchlichen Charakter, der die Menschen um sie herum manchmal verstört.

Skorpion: *Sie brauchen Veränderung, um glücklich zu sein, sie können verrückte Dinge tun, nur um etwas Action zu erzeugen. Für sie ist es normal, einen Ausbruch zu haben, denn sie sind süchtig nach Veränderung und Aufregung.*

Fische: *Es ist für sie unmöglich, dich nicht mit ihrem Wahnsinn anzustecken. Ihre Instabilität und ihr Ungleichgewicht stören die Menschen um sie herum. Sie sehen alles rosig, was dazu führt, dass sie als verrückt bezeichnet werden, weil sie immer auf einer Wolke schweben.*

Zwillinge: *Er ist berühmt für seine Dualität. Sie sind manchmal in Konflikt mit sich selbst. Sie lieben Herausforderungen, die Gefahren mit sich bringen. Sie lieben es, improvisierte Abenteuer zu planen und sind immer bereit, die Grenzen des maximalen Wahnsinns zu überschreiten.*

Löwe: *Wenn sich das Feuer in ihrem Kopf festsetzt, denken sie, dass alles, was ihr Leben umgibt, dringender ist als alles andere. Sie sind extravagant und haben Einstellungen, die für andere als verrückt* gelten. Sie können Dinge tun, die ein vernünftiger Mensch niemals tun würde.

Widder: Sie verärgern sich selbst und alle um sie herum. Sie sind stur und wollen in allem der Erste sein, auch wenn sie dafür verrückte Dinge tun müssen. Sie wissen nicht, wie man sich zurückziehen, etwas, das sie zu irrationalen Handlungen führt.

Wassermann: Ein rebellisches und freies Zeichen, das sich nicht im Geringsten um die Meinung kümmert, die man von ihm hat. Es handelt in einer kapriziösen Art und Weise, mit verrückten Haltungen, die die Paradigmen brechen.

Schütze: Er ist lustig, aber gewalttätig mit seinem Wunsch nach Aktion. Sie wissen nicht, wie man die Folgen ihres Handelns zu messen, etwas, das viele als Wahnsinn. Es ist nicht verwunderlich, sie völlig ungezügelt zu sehen, die Überquerung des Terrains der Verantwortungslosigkeit.

Waage: Sie sehnen sich nach Glück und Harmonie, und um das zu erreichen, sind sie bereit, alles Verrückte zu tun. Sie sind instabil, und das führt sie zu brechen ihre Verpflichtungen, etwas, das viele als verrückt.

Jungfrau: *Sie gehen bis zum Äußersten und werden obsessiv. Sie haben eine Vision von dem, was sie wollen, in Stein gemeißelt, niemand kann ihnen Ratschläge geben, sie lassen sich nicht leiten. Wenn sie nicht zuhören, begehen sie verschiedene Dummheiten.*

Stier: *Wenn ihnen eine Idee in den Sinn kommt, gibt es niemanden, der sie vertreibt, und sie begehen sogar verrückte Dinge, um ihre Hypothese zu untermauern. Versuchen Sie, ihre Geduld auf die Probe zu stellen, und Sie werden feststellen, wie weit ihr Wahnsinn geht.*

Steinbock: *Er vergisst absolut nichts, nicht verzeihen und noch viel weniger, vergisst, wenn Sie etwas falsch machen, keine Sorge, weil er Sie ein Leben lang daran erinnern, um Sie völlig verrückt zu machen. Steinbock ist wahnsinnig obsessiv über die Kontrolle.*

Die Psychologie hinter der Lotterie.

Lotteriespiele sind in der ganzen Welt sehr beliebt.

Wir alle haben den unmöglichen Traum, im Lotto zu gewinnen, denn die Illusion, durch einen Glücksfall Millionär zu werden, auch wenn die Chancen minimal sind, ist der Hauptgrund, warum Menschen spielen.

Die Spieler nehmen wahr, dass die Kosten für das Lotterielos im Verhältnis zu den Gewinnen, die sie im Falle eines Gewinns erzielen würden, verschwindend gering sind. Wir nehmen Risiken immer emotional wahr, und wenn sie uns Freude bereiten, neigen wir dazu, das Risiko als unbedeutend zu betrachten und das Gefühl der Gefahr zu neutralisieren, indem wir uns nur auf die Vorteile konzentrieren.

Die Spieler sehen in der Lotterie eine einmalige Gelegenheit, mit geringem Geldeinsatz und geringem Risiko einen Gewinn zu erzielen.

Spiele haben sowohl traditionelle als auch abergläubische Aspekte. Manche Menschen spielen immer dieselben Zahlen, weil sie ihre Lieblingszahlen sind, weil sie sie mit einem wichtigen Datum in Verbindung bringen oder weil sie sie geträumt haben.

Andere spielen zu einer bestimmten Zeit, an einem bestimmten Tag oder an einem bestimmten Ort. Wenn wir denken, dass wir die Kontrolle haben, fühlen wir uns zuversichtlich, denn wenn wir die Zahlen selbst auswählen, anstatt nach dem Zufallsprinzip zu spielen, obwohl die Chancen, richtig zu liegen, die gleichen sind, haben wir den Eindruck, dass wir das Schicksal kontrollieren und dass die Chancen zu unseren Gunsten stehen.

Es gibt Leute, die nur zum Spaß spielen, in diesen Fällen geht die Lotterie über die wirtschaftlichen Kosten hinaus und wird zu einem Spaß, der belebt wird, wenn sie sich ausmalen, was sie mit dem Geld, das sie erwerben würden, alles machen könnten.

Es gibt fünf psychologische Beschreibungen der einzelnen Lottospieler:

Der Abenteurer, der von Spielen um große Geldsummen, von Spekulationen mit Zufallszahlen und mit geplanten Zahlen verzaubert ist.

Der Konkurrent, der darauf besteht, durch Glücksspiele zu zeigen, dass er auf Sieg wettet.

Der Gierige, der dem Glücksspiel keine Grenzen setzt und sich nicht scheut, beim Wetten Risiken einzugehen.

Der Taktiker, der niemals riskant spielt, sucht nach Taktiken, Strategien und numerischen Sets, wenn er die Zahlen spielt.

Der abergläubische Mensch, der immer die gleichen Zahlenkombinationen spielt, verwendet Talismane, Rituale oder kauft seine Lose an einem bestimmten Datum und Ort.

Gibt es einen Trick oder eine Formel, um im Lotto zu gewinnen?

Diese Frage ist noch immer unbeantwortet. Viele spekulieren und behaupten, dass es wahrscheinlicher ist, vom Blitz getroffen zu werden, bevor man im Lotto gewinnt. Andere wiederum studieren die Chancen mit großer Ausdauer und Raffinesse.

Das Lottospiel oder jedes andere Glücksspiel, wenn es mit Bedacht betrieben wird, ist ein billiger Weg, um Illusionen und Vertrauen in die Zukunft zu kaufen. Kompliziert wird es, wenn die Person ihren Spieltrieb nicht kontrollieren kann, so dass eine Spielsucht entsteht und sie in die Spielsucht verfällt.

Ein Spielsüchtiger ist ein Mensch, dem das Glücksspiel große Schwierigkeiten bei der Arbeit und in seinen familiären Beziehungen bereitet, da Verluste ihn dazu verleiten, größere Geldbeträge zu verspielen, um das verlorene Geld zurückzugewinnen. Dies wird zu einem Teufelskreis, der nur durch eine psychotherapeutische Behandlung gelöst werden kann.

Die besten Geschenke für Tierkreiszeichen

Geschenke sind ein universelles Mittel, um zu zeigen, dass wir uns um eine Person kümmern und sie schätzen, aber der Kauf von Geschenken kann eine Herausforderung sein, für manche sogar ein echtes Kopfzerbrechen.

Die Planeten können Ihnen helfen, sobald Sie das Sternzeichen der Person kennen, können Sie vielleicht das ideale Geschenk machen.

Feuerzeichen: Widder, Löwe und Schütze mögen Geschenke, die ihnen das Gefühl geben, wichtig zu sein, und die mit Sport, Reisen und Technik zu tun haben.

Eine professionelle Digitalkamera, das neueste iPhone-Modell, ein Flugticket mit Hotel zu einem exotischen Touristenort oder mit historischem Hintergrund, Geschäftsbücher, Sportbekleidung oder Fitnessgeräte, Lotterielose, Flaschen mit edlem Wein und exklusive Markenschuhe werden diesen Zeichen sehr gefallen.

Stier, Jungfrau und Steinbock, die dem Erdelement angehören, sind manchmal traditionell, aber das bedeutet nicht, dass sie keine Geschenke von anerkannten Marken mögen.

Ein Gemälde eines berühmten Malers, ein Gürtel oder eine Aktentasche für ihre Arbeitsunterlagen, eine Brieftasche mit ihren Initialen, Markenparfüms, Massagen oder Körperbehandlungen, ein Haustier, Bademäntel, kuschelige Pyjamas oder sogar Aromatherapie-Diffusoren werden sie glücklich machen.

Luftzeichen: Zwillinge, Waage und Wassermann sind nicht materialistisch, und die Funktionalität eines Geschenks ist viel wichtiger als der Preis. Ihre Fantasie ist reichlich vorhanden, und alles, was diese Fähigkeit anregt, spricht sie an.

Ein Handy, ein Computer oder IPad, Bücher über persönliches Wachstum, Spiritualität, Philosophie und alternative Therapien, Selbsthilfe- und Wirtschaftskurse, ein Teleskop, Karten für die Oper oder das Theater, ein Tier, das nicht eingesperrt werden muss, Quarz, ätherische Öle, Weihrauch und After-Bath-Colognas werden von diesen Zeichen sehr geschätzt.

Krebs, Skorpion und Fische, die Wasserzeichen, lieben persönliche Geschenke. Kochutensilien, ein romantisches Abendessen am Strand unter dem Mondschein, eine entspannende Massage in einem Spaß, gewagte Dessous, Hausschuhe oder ein bequemes Sofa zum Fernsehen, eine Flasche Champagner, Duftkerzen, Amulette, Astrologie Bücher, ein Satz von Tarot-Karten, Lotionen, Parfums und Beauty-Accessoires, Wein, Kekse, Konserven und alle Arten von Gourmet-Produkten sind auf der Liste der Geschenke, die diese Zeichen mit großer Freude annehmen werden.

Schenken ist ein Segen, es ist eine Geste der Großzügigkeit; Schenken ist ein symbolischer Akt, der ein Kompliment darstellt, eine Aufmerksamkeit für jemanden, den wir erfreuen wollen, und der die Zuneigung symbolisiert, die wir bekunden.

Wenn wir Geschenke machen, werden Beziehungen verbessert und gestärkt, und es entsteht Freude.

Die Tierkreiszeichen und ihre Ängste.

Die zwölf Tierkreiszeichen symbolisieren zwölf wesentliche Archetypen der menschlichen Persönlichkeit, sind aber gleichzeitig auch psychologische Prototypen, weshalb jedes der Tierkreiszeichen eine ganz spezifische und persönliche Angst hat.

Wir sollten uns daran erinnern, dass Angst ein wesentlicher menschlicher Alarm- und Abwehrmechanismus ist. Sie wird nur dann zum Problem, wenn sie übermäßig ist.

Ängste sind Unsicherheiten und manchmal projizieren wir sie mit den entgegengesetzten Handlungen, wie es der Fall des Widder-Zeichens ist; anerkannt für ihren eisernen Willen, nichts und niemand lähmt sie. Sie lieben es, alles zu kontrollieren, und ihre tief verwurzelte Angst ist es, zu versagen oder um Hilfe zu bitten, weil dies für sie ein Synonym für Schwäche ist.

Der Stier ist das sturste der Erdzeichen. Veränderungen machen ihnen Angst, und wenn ihnen das Geld ausgeht, verbringen sie ihr Leben mit Sparen, weil Armut sie ängstigt.

Zwillinge, die Kommunikatoren des Tierkreises, sind ein wenig ängstlich und unsicher, sie versuchen, Aufmerksamkeit zu erregen, weil sie fürchten, langweilig auszusehen. Legitime Kinder des Mondes, Cancers lieben ihre Sicherheitszone, weil niemand sie dort verletzen kann, sie haben Angst vor Einsamkeit und Ablehnung.

Der Löwe, der König des Tierkreises, der Anführer und der Mutige, wurde nicht geboren, um zu verlieren. Ihre größte Angst ist es, unbemerkt zu bleiben; sie ziehen es vor, schlecht gemacht zu werden, aber nicht ignoriert zu werden.

Die Meisterin der Ordnung **Jungfrau** wird manchmal zwanghaft, wenn es um ihre Gesundheit geht, sie ist also eine Hypochonderin. Ihre größte Angst ist es, krank zu werden, aber die Unordnung macht ihnen mehr Angst als alles andere.

Außerordentlich intelligente **Waagen** sind unentschlossen, und genau darin liegt ihre größte Angst: Entscheidungen zu treffen. Eine weitere ihrer Ängste ist die Einsamkeit.

Die rätselhaften und verführerischen **Skorpione** *haben ein Elefantengedächtnis, sie fürchten sich vor Verrat, und wenn du etwas tust, was ihnen nicht gefällt, werden sie es dir für immer vorenthalten. Behalte niemals ein Geheimnis vor einem Skorpion.*

Als Abenteurer des Tierkreises hat der **Schütze** *panische Angst, sich zu binden, weil die Anforderungen erschreckend sind. Sie sind sehr lustig, aber hinter diesem Lächeln verbirgt sich die Angst, betrogen zu werden.*

Steinbock *sind anspruchsvoll und weichen nie von ihren Zielen ab; ihre größte Angst ist es, Fehler zu machen, vor allem auf beruflicher Ebene. Sie sind aufopferungsvoll und haben Angst, ihre Träume nicht zu verwirklichen.*

Die rebellischen und utopischen **Wassermänner** *fürchten, ihre Freiheit zu verlieren, denn das würde bedeuten, ihr eigenes Wesen zu verlieren. Sie haben immer viele Freundschaften, aber keine von ihnen bindet sie. Sie brauchen die Gruppe, wollen aber nicht, dass die Gruppe sie braucht.*

Frieden ist ein Synonym für **Fische**, *sie hassen Konfrontationen. Durch und durch mitfühlend, haben* *sie Angst, andere leiden zu sehen. Sie sind ein wenig unsicher, haben Lampenfieber und Angst vor Ablehnung.*

In einigen alten Astrologie Büchern wird Saturn für die Angst in einem Geburtshoroskop verantwortlich gemacht. Ich denke, dass die Angst nur dann entstehen kann, wenn mehrere Planeten mit ihren entsprechenden Energien zusammenwirken.

Das heißt, Ängste werden durch verschiedene Planeten repräsentiert, die durch Aspekte miteinander verbunden sind, es gibt keinen bestimmten Planeten, der notwendigerweise mit der Entwicklung irgendeiner Art von Angst verbunden ist.

Mond in Schütze

Wenn Sie den Mond in Schütze haben, möchten Sie sich frei fühlen, um Ihre Horizonte zu erkunden und zu erweitern. Du bist leidenschaftlich und teilst deine Gefühle gerne.

Du magst es, aktiv zu sein und dich mit anderen Menschen, Kulturen und Philosophien auseinanderzusetzen. Du bist immer für ein Abenteuer zu haben und offen dafür, neue Dinge zu lernen.

Die kleinste Lüge ist für Sie ein großes Problem, denn die Suche nach der Wahrheit ist wichtig, um sich sicher zu fühlen. Du kannst alles verzeihen, außer Lügen und Verrat.

Sie müssen das Gefühl haben, dass Sie genug Freiheit haben, um Ihren eigenen Weg zu gehen und Ihre eigene Wahrheit zu entdecken.

Wenn Sie sich bedroht fühlen, ist Ihre unmittelbare Reaktion, zu fliehen. Wenn Sie in einer Situation unglücklich sind oder sich nicht sicher fühlen, werden Sie diese verlassen.

Ihre Freiheit und Ihre Wahrheit sind die wichtigsten Aspekte Ihrer Sicherheit. In dem Moment, in dem Ihnen beides fehlt, werden Sie die Situation oder eine Beziehung verlassen wollen.

Sie lassen sich von Schwierigkeiten nie enttäuschen, denn auch wenn die Vergangenheit oder die Gegenwart dunkel ist, hoffen sie immer auf eine bessere Zukunft.

Sie hassen Routine oder ständige Probleme, sie brauchen ein Ventil.

In Beziehungen sind sie romantisch, aber ihre emotionale Seite mag keine Eifersucht.

Sie sehnen sich nach starken Emotionen.

Menschen, die mit dem Mond in Schütze geboren sind, sind von Natur aus optimistisch. Sie haben blindes Vertrauen in die Zukunft, und das erlaubt ihnen, Risiken einzugehen, was gut und schlecht zugleich sein kann.

Es sind Menschen mit einem starken Freiheitsbedürfnis, die sich überfordert fühlen, wenn sie sich eingeengt fühlen.

Sie sind sehr auf sich selbst bezogen, aber sie sind nicht egoistisch.

Die Bedeutung des Aszendenten Zeichens

Das Sonnenzeichen hat einen großen Einfluss darauf, wer wir sind, aber der Aszendent ist das, was uns wirklich definiert, und das könnte sogar der Grund dafür sein, dass Sie sich mit einigen Eigenschaften Ihres Sternzeichens nicht identifizieren.

Wenn du dein Horoskop liest, fühlst du dich manchmal identifiziert und es gibt einigen Vorhersagen einen Sinn, und das passiert, weil es dir hilft zu verstehen, wie du dich fühlen könntest und was mit dir passieren wird, aber es zeigt dir nur einen Prozentsatz dessen, was wirklich sein könnte.

Der Aszendent unterscheidet sich vom Sonnenzeichen, weil er widerspiegelt, wer wir oberflächlich gesehen sind, d. h. wie andere uns sehen oder welche Energie wir auf andere übertragen, und das ist so real, dass Sie vielleicht jemanden treffen, und wenn Sie sein Zeichen vorhersagen, haben Sie vielleicht sein Aszendenten Zeichen und nicht sein Sonnenzeichen entdeckt.

 Zusammenfassend lässt sich sagen, dass die Eigenschaften, die man bei einer Person sieht, wenn man sie zum ersten Mal trifft, der Aszendent ist, aber da unser Leben von der Art und Weise beeinflusst wird, wie wir mit anderen in Beziehung treten, hat der

Aszendent einen großen Einfluss auf unser tägliches Leben.

Es ist etwas kompliziert zu erklären, wie das Zeichen des Aszendenten berechnet oder bestimmt wird, denn es ist nicht die Position eines Planeten, die es bestimmt, sondern das Zeichen, das zum Zeitpunkt Ihrer Geburt am östlichen Horizont aufstieg, im Gegensatz zu Ihrem Sonnenzeichen, das vom genauen Zeitpunkt Ihrer Geburt abhängt.

Dank der Technologie und des Universums ist es heute einfacher denn je, diese Informationen zu wissen, natürlich, wenn Sie Ihre Geburtszeit kennen, oder wenn Sie eine Vorstellung von der Zeit haben, aber es gibt nicht eine Marge von mehr als Stunden, denn es gibt viele Websites, die die Berechnung durch die Eingabe der Daten zu machen, astro.com ist einer von ihnen, aber es ist unendlich.

Auf diese Weise können Sie beim Lesen Ihres Horoskops auch Ihren Aszendenten lesen und mehr persönliche Details erfahren. Sie werden sehen, dass sich von nun an Ihre Art, das Horoskop zu lesen, ändern wird, und Sie werden wissen, warum dieser Schütze so bescheiden und pessimistisch ist, wenn er in Wirklichkeit so übertrieben optimistisch ist, und das liegt vielleicht daran, dass er einen Steinbock-Aszendenten hat, oder weil dieser Skorpion-Kollege immer über alles redet, zweifellos hat er einen Zwillinge-Aszendenten.

Ich werde die Eigenschaften der verschiedenen Aszendenten zusammenfassen, aber auch das ist sehr allgemein, denn diese Eigenschaften werden durch Planeten in Konjunktion mit dem Aszendenten, durch Planeten, die den Aszendenten aspektieren, und durch die Stellung des Herrscherplaneten des Zeichens im Aszendenten verändert.

Eine Person mit einem Widder-Aszendenten, dessen herrschender Planet Mars im Schützen steht, wird zum Beispiel etwas anders auf die Umwelt reagieren als eine andere Person, die ebenfalls einen Widder-Aszendenten hat, deren Mars aber im Skorpion steht.

In ähnlicher Weise wird sich eine Person mit einem Fische-Aszendenten, die Saturn in Konjunktion zu ihm hat, anders "verhalten" als jemand mit einem Fische-Aszendenten, der diesen Aspekt nicht hat.

All diese Faktoren verändern den Aszendenten, Astrologie ist sehr komplex, und Horoskope werden nicht mit Tarotkarten gelesen oder erstellt, denn Astrologie ist nicht nur eine Kunst, sondern auch eine Wissenschaft.

Es kommt häufig vor, dass diese beiden Verfahren verwechselt werden, denn obwohl es sich um zwei völlig unterschiedliche Konzepte handelt, haben sie einige Gemeinsamkeiten. Eine dieser Gemeinsamkeiten liegt in ihrem Ursprung begründet und besteht darin, dass beide Verfahren seit der Antike bekannt sind.

Sie ähneln sich auch in den verwendeten Symbolen, da beide mehrdeutige Symbole darstellen, die interpretiert werden müssen, was eine spezielle Lektüre und Ausbildung erforderten, um zu wissen, wie diese Symbole zu interpretieren sind.

Es gibt Tausende von Unterschieden, aber einer der wichtigsten ist, dass, während im Tarot die Symbole sind vollkommen verständlich auf den ersten Blick, wobei figurative Karten, obwohl es notwendig ist, zu wissen, wie man sie gut zu interpretieren, in der Astrologie beobachten wir ein abstraktes System, das notwendig ist, um zu wissen, vorher zu interpretieren, und natürlich muss gesagt werden, dass, obwohl wir erkennen können, die Tarot-Karten, jeder kann nicht interpretieren sie richtig.

Die Deutung ist auch ein Unterschied zwischen den beiden Disziplinen, denn während des Tarots keinen genauen Zeitbezug hat, da die Karten nur dank der im entsprechenden Legesystem gestellten Fragen zeitlich eingeordnet werden, bezieht sich die Astrologie auf eine bestimmte Stellung der Planeten in der Geschichte, und die von beiden verwendeten Deutungssysteme sind diametral entgegengesetzt.

Das Horoskop ist die Grundlage der Astrologie und der wichtigste Aspekt bei der Erstellung von

Vorhersagen. Das Horoskop muss perfekt
ausgearbeitet sein, damit die Lesung erfolgreich ist
und man mehr über die Person erfährt.

Um ein Geburtshoroskop zu erstellen, muss man alle
Daten über die Geburt der betreffenden Person
kennen.

Sie muss genau bekannt sein, von der genauen Zeit,
zu der sie geliefert wurde, bis hin zu dem Ort, an dem
sie durchgeführt wurde.

Die Stellung der Planeten zum Zeitpunkt der Geburt
verrät dem Astrologen die Punkte, die er für die
Erstellung des Geburtshoroskops benötigt.

In der Astrologie geht es nicht nur darum, die Zukunft
zu kennen, sondern auch darum, die wichtigen Punkte
Ihrer Existenz, sowohl in der Gegenwart als auch in
der Vergangenheit, zu kennen, um bessere
Entscheidungen für Ihre Zukunft zu treffen.

Die Astrologie hilft Ihnen, sich selbst besser
kennenzulernen, so dass Sie die Dinge, die Sie
blockieren, ändern oder Ihre Qualitäten verbessern
können.

Und wenn das Horoskop die Grundlage der Astrologie
ist, so ist die Tarot-Lesung von grundlegender
Bedeutung für diese Disziplin. Wie derjenige, der
Ihnen das astrologische Horoskop macht, wird der
Seher, der Ihnen die Tarot-Lesung macht, der

Schlüssel zum Erfolg Ihrer Lesung sein, so dass es am besten ist, nach empfohlenen Tarot-Lesern zu fragen, und obwohl Sie sicherlich nicht speziell auf alle Fragen antworten können, die Sie sich in Ihrem Leben stellen, wird eine korrekte Lesung der Tarot-Lesung und der Karten, die in der Rolle herauskommen, Ihnen helfen, die Entscheidungen zu treffen, die Sie in Ihrem Leben treffen.

Zusammenfassend lässt sich sagen, dass Astrologie und Tarot sich der Symbolik bedienen, aber die Hauptfrage ist, wie all diese Symbolik interpretiert wird.

Eine Person, die beide Techniken beherrscht, wird zweifellos eine große Hilfe für die Menschen sein, die sie um Rat fragen.

Viele Astrologen kombinieren beide Disziplinen, und die regelmäßige Praxis hat mich gelehrt, dass beide in der Regel sehr gut ineinander übergehen und eine bereichernde Komponente in allen Vorhersagefragen darstellen, aber sie sind nicht dasselbe, und man kann weder ein Horoskop mit Tarotkarten erstellen noch eine Tarot Deutung mit einem astrologischen Horoskop.

Aszendent in Schütze

Menschen mit einem Aszendenten in Schütze haben hehre Ideale und hohe Ziele.

Dieser Aszendent ist ein Synonym für Entdeckungen, Reisen und Optimismus. Menschen mit diesem Aszendenten sehen das Leben als eine Reise und genießen den Weg und das, was als Frucht des Schicksals herauskommt.

Diese Menschen brauchen Ziele und Vorgaben, um sich erfüllt zu fühlen. Die Art und Weise, wie sie ihr Leben, inspiriert andere um sie herum.

Diese Menschen müssen vorsichtig sein, denn sie können an Übertreibung und Überschwang zugrunde gehen, weil sie über ihre Verhältnisse leben.

Widder - Schütze Aszendent

Widder mit Schütze-Aszendent sind energiegeladene Menschen, die sich durch nichts einschüchtern lassen und viel Selbstvertrauen haben. Sie haben immer ein Lächeln auf den Lippen.

Im beruflichen Bereich neigen sie dazu, Führungspositionen einzunehmen und sich in Berufen auszuzeichnen, die Initiative erfordern. Sie haben Enthusiasmus und Optimismus, was sie nicht nur initiativ macht, sondern auch dazu bringt, sich weiterzuentwickeln. Beruflich sind sie eher in Positionen erfolgreich, die einen offenen Geist und Führungsqualitäten erfordern.

In romantischen Beziehungen fällt es ihnen wahrscheinlich leicht, einen Partner zu finden, und diese halten lange an, auch wenn es dabei wahrscheinlich zu einer Affäre kommt.

Manchmal handeln sie egoistisch und unverantwortlich. Sie können sich von ihrer Leidenschaft mitreißen lassen und riskieren, gefährliche Dinge zu tun.

Stier - Schütze-Aszendent

Stier-Aszendent Schütze zeichnet sich durch seine Großzügigkeit und Positivität im Leben aus.

Beruflich sind diese Menschen harte Arbeiter, bekannt für ihre Ausdauer und ihren Einsatz. Sie ruhen erst, wenn sie ihre Ziele erreicht haben, die aufgrund ihres Anspruchs und ihres Strebens nach Perfektion immer tadellos erfüllt werden.

Gefühlsmäßig schätzen sie Einfachheit in Liebesbeziehungen und zeichnen sich durch Sinnlichkeit und Leidenschaft aus. Wenn diese Menschen verliebt sind, tun sie alles, um ihre Loyalität zu bewahren und ihre Verpflichtung gegenüber ihrem Partner zu erfüllen.

Diese Menschen neigen dazu, über das gesunde Maß hinaus zu arbeiten und ihre eigenen Grenzen und Ruhezeiten außer Acht zu lassen.

Zwillinge - Schütze Aszendent

Zwillinge-Aszendent-Schütze ist eine harmonische Kombination. Für diese Menschen ist es wichtig, von jemandem begleitet zu werden, der sympathisch ist und einen angenehmen und unkritischen Dialog bietet.

Trotz der Schwankungen in ihren Stimmungen tun sie ihr Bestes, um das Leben interessant zu halten und keine Langeweile aufkommen zu lassen.

Beruflich sind sie von Natur aus vielseitig und anpassungsfähig, so dass sie mehrere Rollen auf einmal übernehmen können. Zwillinge mit Schütze-Aszendent haben oft Mühe, dauerhafte Zufriedenheit und Erfüllung zu finden, was zu häufigen Jobwechseln führt.

In Liebesbeziehungen steht nicht die Leidenschaft im Vordergrund, sondern eine gesunde und brüderliche Kameradschaft, die eine feste und dauerhafte Bindung ermöglicht.

Diese Menschen neigen dazu, flüchtige und oberflächliche Beziehungen zu führen. Ihre ständige Suche nach Gesellschaft und ihre angeborene Neigung zu leidenschaftlichen Erfahrungen können zu unbefriedigenden Beziehungen führen.

Krebs - Schütze-Aszendent

Krebs-Aszendent-Schütze sind extrovertierte Menschen und geschickt in sozialen Beziehungen. Schütze.

Beruflich sind diese Menschen vom Glück begleitet, und das wirkt sich direkt auf ihr finanzielles Leben aus. Sie sind immer in mehrere geschäftlichen Projekte und Aktivitäten involviert.

In Liebesbeziehungen erleben sie eine Reihe von intensiven Liebschaften. Durch den Einfluss des Schützen ist der Krebs weniger auf die Stabilität seiner Beziehungen bedacht und konzentriert sich mehr auf die Gegenwart. Ihre Beziehungen neigen dazu, sehr sinnlich zu sein, und sie messen der Sexualität einen hohen Stellenwert bei.

Löwe - Schütze-Aszendent

Löwe-Aszendent-Schütze sind mutig und haben oft ein natürliches Verlangen, sich in intensive und bedeutungsvolle Erfahrungen zu vertiefen. Sie fühlen sich zu einer Vielzahl von Interessen hingezogen, obwohl ihre Leidenschaft eher der Erforschung und langen Reisen gilt. Sie haben einen angeborenen Drang, wichtige Ziele zu setzen und zu verfolgen.

Im Berufsleben zeichnen sie sich in der Regel durch ihre Entschlossenheit und ihren Ehrgeiz aus. Wenn sie ein Projekt finden, das sie begeistert, bleiben sie bis zum Ende dabei und lassen sich nicht von Hindernissen abschrecken. Sie haben eine bemerkenswerte Entschlossenheit zum Erfolg und ein natürliches Talent für Geschäfte.

Emotional gesehen wirkt ihre optimistische und fröhliche Einstellung ansteckend auf ihre Umgebung. Sie sind mit einer bemerkenswerten Fähigkeit zur Verführung ausgestattet.

Sie genießen die Liebe und flüchtige Beziehungen, haben aber Schwierigkeiten, dauerhafte Verpflichtungen einzugehen.

Jungfrau - Schütze Aszendent

Jungfrau-Schütze-Aszendenten verfügen über die intellektuelle Fähigkeit, im Leben Großes zu erreichen. Ihre Neigung zur Veränderung führt jedoch *dazu, dass sie leicht den Kurs ihrer Absichten ändern und von ihren gewünschten Zielen abweichen.*

In der Arbeitswelt führen ihr Ehrgeiz und ihr Wunsch nach Selbsterkenntnis dazu, dass sie ein beachtliches Prestige erreichen. Manchmal erreichen sie aufgrund ihrer Unentschlossenheit und der Streuung ihrer Interessen ihre Ziele nicht.

Emotional haben diese Menschen eine intensive Sinnlichkeit, die ihre innersten und tiefsten Sehnsüchte offenbart. Wenn sie einen Partner finden, der ihre komplexe Persönlichkeit versteht, offenbaren sie eine wilde Seite von sich, die einerseits zurückhaltend, andererseits aber auch unabhängig ist.

Waage - Schütze-Aszendent

Waagen mit Schütze-Aszendent sind außerordentlich gesellige Menschen.

Diese Menschen fühlen sich in jedem Beruf wohl, der ihnen kreativen Freiraum und Möglichkeiten zur Interaktion mit anderen bietet.

Wenn sie sich verlieben, wird die angeborene Neigung der Waage zur Harmonie durch eine Extraportion Optimismus verstärkt. Diese Menschen schätzen die Beziehung sehr und können den Partner ehren.

Waage-Aszendent-Schütze neigen dazu, emotionale Entscheidungen zu überstürzen. Dies führt oft zu frühen Verpflichtungen und romantischen Misserfolgen.

Skorpion - Schütze-Aszendent

Skorpion-Aszendent-Schütze sehen zugänglicher aus, als sie tatsächlich sind, was ein Paradoxon in dieser Kombination darstellt. Sie neigen dazu, ein gewisses Maß an Isolation zu brauchen, um sich sicher zu fühlen, und projizieren oft eine extrovertierte Persönlichkeit.

Im Berufsleben sind sie motivierter bei Aufgaben, die Forschung erfordern. Sie sind hilfsbereit und erfüllen alles, was ihnen anvertraut wird, mit Perfektion.

Gefühlsmäßig üben sie eine starke Anziehungskraft auf ihre Umgebung aus, sie sind in der Regel sehr attraktiv.

Manchmal neigen sie dazu, die Kontrolle zu suchen, sich einzumischen und den Verlauf des Lebens anderer zu steuern.

Schütze - Schütze-Aszendent

Diese Kombination verstärkt die typischen Schützeneigenschaften, ihren Optimismus und ihr Selbstvertrauen. Sie sind sehr direkt mit ihren Worten, können andere manchmal beleidigen und versuchen immer, eine Lehre aus allem zu ziehen, was ihnen im Leben passiert.

Bei ihrer Arbeit setzen sie sich hohe Ziele, weil sie es lieben, sich selbst herauszufordern. Wenn sie mögen, was sie tun, zögern sie nicht, ihr Bestes zu geben.

In ihren Gefühlen sind sie Menschen mit geringem Selbstwertgefühl, die eine Bestätigung von außen brauchen, die ihnen sagt, dass sie etwas wert sind. Sie sind im Allgemeinen ehrliche Menschen, die immer so handeln, wie sie sind, ohne Masken.

Steinbock - Schütze-Aszendent

Steinböcke mit Schütze-Aszendent sind anspruchsvoll und akribisch.

Beruflich haben sie einen objektiven Blick für ihre Fähigkeiten. Sie sind ehrgeizig und ausdauernd.

Sie nehmen ihre Beziehungen sehr ernst und betrachten sich selbst als attraktive und erobernde Menschen.

Diese Menschen schwanken zwischen der übermäßigen Grandiosität des Schützen und den Beschränkungen des Steinbocks. Manchmal beschränkt sich ihre Gier nicht nur auf den finanziellen Aspekt, sondern es kann ihnen auch an ethischen Werten mangeln.

Wassermann - Schütze-Aszendent

Wassermänner mit Schütze-Aszendent sind geistig sehr beweglich und ständig auf der Suche nach Wissen. Sie sind sehr kommunikativ und einfühlsam.

Bei der Arbeit zeichnen sie sich durch den Abschluss großer Projekte aus. Sie lieben es, ihren Horizont zu erweitern und alles auf die nächste Ebene zu bringen.

In ihren Beziehungen fühlen sie sich von Unbekanntem und Neuem angezogen, was es ihnen schwer macht, sich in einer Beziehung zu binden.

Diese Menschen können sehr ungeduldig werden und sich zu viele Dinge vornehmen, ohne sie zu Ende zu bringen.

Fische - Schütze-Aszendent

Fische mit Schütze-Aszendent sind ihrer Familie sehr zugetan, sie lieben es, sie zu beschützen. Sie sind sehr sensibel, intuitiv und verantwortungsbewusst.

Sie können Schwierigkeiten haben, dauerhafte affektive Bindungen aufzubauen, da sie immer auf der Suche nach neuen Bindungen sind, ohne die alten festigen zu können. Es ist schwierig für sie, einen festen Partner zu haben.

Sie sind sehr emotional und können jederzeit den Kopf verlieren. Es fällt ihnen schwer, komplizierte Entscheidungen zu treffen.

Saturn in den Fischen, eines der wichtigsten astrologischen Ereignisse.

Der 7. März 2023 war einer der wichtigsten Tage im astrologischen Kalender dieses Jahres. Saturn, der strenge Lehrer und Herr des Karmas, kollidierte mit den Fischen, den Träumern. Dieser Transit von Saturn in den Fischen, der bis Februar 2026 andauern wird, war keine willkommene Mischung.

Saturn ist ein Planet der Verantwortung und der strengen Autorität, er diszipliniert und strukturiert uns auf seinem Weg durch den Tierkreis. Saturn will sicherstellen, dass wir unsere Ziele erreichen, und wenn dieser Planet durch die Fische, das spirituellste Zeichen, wandert, werden einige wichtige Vorschläge auf uns zukommen.

Pluto und Saturn, die sich in einem solchen Einklang bewegen, werden einen gigantischen energetischen Vulkan auslösen, der garantiert eine unvergessliche Zeit sein wird. Das mag wie eine Formel für einen Kampf klingen, aber diese energetische Kombination kann effektiv und gewinnbringend sein.

Saturn ist in den Fischen nicht zufrieden. Es ist schwierig für ihn, Strukturen zu gründen und die Realität aufzubauen, wenn sich alles verschiebt. Fische ist ein duales Zeichen, es kann sich also auf entgegengesetzte Weise ausdrücken; es kann sowohl transzendental als auch praktisch sein. Es besteht die Möglichkeit, dass Saturn in den Fischen auf den Bau von Formen über oder unter dem Wasser hinweist, oder auf die Beherrschung des Wassers, wie z. B. Pipelines, Aquädukte und Häfen. Er kann aber auch den Zusammenbruch dieser Strukturen aufgrund von Wirbelstürmen oder struktureller Brüchigkeit aufzeigen.

Der Archetypus der Fische steht im Widerspruch zu Saturn. Er steht für Utopie, Kreativität, Spiritualität und Esoterik, aber auch für Träume, Illusionen, Lügen und Eskapismus. Er symbolisiert das Streben, wie das Meer zu fließen und Grenzen und Beschränkungen zu überwinden.

Der letzte Saturn-Transit in den Fischen fand von Mai 1993 bis April 1996 statt. In dieser Phase traten die Folgen des Zusammenbruchs der Sowjetunion im Jahr 1989 auf, der weltweit Nachwirkungen hatte und die russische Wirtschaft zusammenbrechen ließ. Russland führte 1994 den ersten Tschetschenienkrieg, der bis 1996 andauerte.

Der Internationale Strafgerichtshof für das ehemalige Jugoslawien wurde im Mai 1993 in Den Haag eingerichtet, um Kriegsverbrechen zu verfolgen, die während der jugoslawischen Kriegshandlungen Anfang der 1990er Jahre begangen wurden.

*Der Bosnienkrieg zwischen Kroaten, Bosniern und
Serben hingegen war von Grausamkeiten, ethnischen
Säuberungen und zahlreichen Hinrichtungen geprägt.
Der Krieg endete 1995, und die meisten bosnisch-
serbischen Befehlshaber wurden wegen Völkermordes
und Verbrechen gegen die Menschlichkeit verurteilt.
1994 begann der Völkermord in Ruanda, als Hutu-
Banden mehr als 700.000 Tutsi ermordeten und
unzählige Frauen während des Massakers
vergewaltigt wurden, das schließlich im Juli endete.
Die Abrüstungskrise im Irak nach dem Ende des
ersten Golfkriegs wurde mit viel Lärm und ohne
Vertrauen zwischen den Beteiligten ausgetragen. In
der Schweiz verübte eine Sekte namens "Orden des
Sonnentempels" eine Reihe von Verbrechen und
Massenselbstmorden, und hier in den Vereinigten
Staaten ermordete Timothy McVeigh 168 Menschen
bei dem Bombenanschlag in Oklahoma City.*

*Während dieses Transits von Saturn durch die Fische
wurde, O.J. Simpson wegen Mordes an seiner Ex-Frau
und seinem Freund verhaftet und nach einem
langwierigen Prozess, der ein ziemliches Hollywood-
Spektakel darstellte, freigelassen.*

*In London wurde Fred West und seine Frau Rose
inhaftiert, nachdem in ihrem Garten die Leichen
mehrerer Mordopfer gefunden worden waren.*

*In Südafrika fanden die ersten rassenübergreifenden
Wahlen statt, und Nelson Mandela wurde zum*

Präsidenten gewählt, der später die Todesstrafe in diesem Land abschaffte. Russland und China unterzeichneten ein Abkommen, sich nicht mehr gegenseitig mit ihren Atomwaffen zu provozieren, und der Atomwaffensperrvertrag wurde von 170 Ländern endlos erweitert. In Australien einigte man sich auf die Entschädigung der Ureinwohner, die während der Atomtests in den 1950er und 1960er Jahren vertrieben wurden.

Zu den weiteren Ereignissen während des Transits von Saturn in den Fischen gehören religiöse Strömungen, ideologische Bewegungen wie Sozialismus und Linksextremismus, die Übertragung von Krankheiten und Seuchen, zerstörerische Verhaltensweisen, die durch Panik ausgelöst werden, eine Zunahme des Drogenkonsums und die Entwicklung aller Arten von Kunst sowie die Mittel des Seeverkehrs.

Saturn in den Fischen wird dafür sorgen, dass wir uns nicht mit Spiritualität oder Angst vor bestimmten Konflikten drücken können, denen wir uns stellen müssen. Wir können meditieren, hundert Jahre in Tibet verbringen und die mächtigsten Mantras des Universums verwenden, aber irgendwann müssen wir auch handeln.

In den letzten Jahren, in denen Saturn den Wassermann durchquert hat, war es notwendig, sich auf die Individualität zu konzentrieren und aufrichtiger zu sein, anstatt den Zwang der Menschen um uns herum zu tolerieren. Obwohl Wassermann ein Zeichen ist, das dafür bekannt ist, nach seinem eigenen Rhythmus zu tanzen, hat Saturn uns dazu gebracht, mit uns selbst allein zu sein (erinnern Sie sich an die Einschränkungen während der Pandemie) und zu schauen, wo wir uns selbst platzieren können, um gesunde Grenzen zu schaffen.

All diese Lektionen haben uns auf das vorbereitet, was uns mit Saturn in den Fischen bevorsteht. Wir werden anfangen, sensibler damit umzugehen, wie wir Spiritualität in unser tägliches Leben einbringen können, während wir gleichzeitig ein Verständnis dafür bewahren, wie wir uns selbst strukturieren können. Viele Menschen werden Religionen oder Dogmen aufgeben oder in Frage stellen.

Natürlich gibt es viele, die diese Zeit nicht genießen werden. Dazu gehören religiöse Führer und diejenigen, die Verschwörungstheorien verbreiten. Es wird zu Konflikten zwischen Menschen unterschiedlicher Religionen kommen, und es wird viele Tendenzen geben, zu versuchen, das zu beherrschen, was andere zu glauben wählen.

Wir müssen akzeptieren, dass, nur weil andere nicht mit unseren Überzeugungen übereinstimmen, dies nicht bedeutet, dass sie falsch sind. Es bedeutet lediglich, dass ihre Ansichten anders sind, denn schließlich stehen die Fische für Exklusivität. Etwas, das uns fehlt.

Da Fische und Neptun die Unterhaltungsbranche regieren, werden große Studios und Plattenfirmen schließen, und viele Künstler, die mit diesen Studios verbunden waren, werden beschließen, ihre eigenen zu gründen. Wenn Sie ein Künstler sind, liegt es in Ihrem Interesse, Ihre Arbeit gewinnbringend zu nutzen, anstatt den großen Unternehmen an der Spitze die Dividende zu überlassen.

Es wird weniger Interesse an Spezialeffekten geben und eine stärkere Ausrichtung auf in sich geschlossene Filme und Themen, die den Alltag widerspiegeln. Wir werden die Schönheit um uns herum schätzen und weniger vom Glamour motiviert sein.

Oft neigen wir dazu, Karma als etwas Böses zu sehen, aber zu ernten, was man gesät hat, ist nicht schlecht, wenn man sich gut verhalten hat. Die Arbeit mit unserem karmischen und unterbewussten Gepäck, das Verstehen der Vergangenheit und die Bereitschaft, loszulassen, sind entscheidend, um diesen Transit zu bewältigen und erfolgreich aus ihm herauszukommen.

Wenn du dich davor drückst, wird Saturn dich bestrafen, aber wenn du dich darauf einlässt, wirst du an einen Ort gelangen, der für etwas Großes prädestiniert ist.

Die Stellung von Saturn in unserem Geburtshoroskop zeigt an, wo wir gezwungen sind, die Kontrolle über die Realität zu gewinnen und größere Verantwortung zu übernehmen. Fische ist das letzte Zeichen des Tierkreises, so dass Saturns Bewegung hier auch einen End- oder Abschlusspunkt für einen viel größeren Zyklus anzeigen.

Fische ist ein Wasserzeichen, das für Licht, Dunkelheit und die unsichtbaren Welten steht. Es ist bekannt für seine abstrakten Ideen und seine Kreativität. Fische sind wandelbar, das heißt, sie sind anpassungsfähig und offen für die Energien der Welt um sie herum. Saturn ist eine sehr solide Energie. Er herrscht über Gesetz, Verantwortung und Einschränkungen, und seine Energie kann sich manchmal wie ein Weckruf anfühlen, der uns in die Realität zurückholt und uns die Konsequenzen unseres Handelns vor Augen führt.

Die Anwesenheit von Saturn in den Fischen könnte sich deshalb etwas schwer anfühlen, da die normalerweise wässrige, intuitive und sensible Energie der Fische gezwungen sein wird, etwas zurückhaltender zu werden.

Um es besser zu verstehen, kann man es sich so vorstellen: Wenn Fische ein sanft fließendes Wasser sind, wird die Anwesenheit von Saturn Dämme bauen, und diese Dämme können das Wasser in eine produktive und vorteilhafte Richtung lenken, aber es kann sich auch eher bedrückend oder kontrollierend anfühlen. Es gibt jedoch eine Möglichkeit, ein Gleichgewicht zwischen diesen beiden Energien herzustellen, da die kreativen, nicht greifbaren und äußeren Ideen der Fische-Energie dank Saturn einige Wurzeln schlagen können.

Saturn hat eine praktische Energie, und wenn wir diese mit der Kreativität der Fische kombinieren, können wir ein Gleichgewicht erreichen, das uns hilft, unsere kreativen Ideen zum Leben zu erwecken oder sie sogar in ein Unternehmen zu verwandeln.

Fische sind auch mit Religion und Spiritualität verbunden, so dass sich mit Saturn viele Fragen rund um Religion und Spiritualität stellen könnten und wie diese mit den Regeln, die die Gesellschaft regieren, zusammenhängen. Auch die spirituelle Industrie könnte unter dieser Energie einen Weckruf erhalten, oder auf einer persönlichen Ebene werden sich Ihre eigenen Einstellungen und Überzeugungen bezüglich Ihrer spirituellen oder religiösen Verbindung ändern.

Was Saturn von uns will, ist, dass wir die Verantwortung für unser Leben übernehmen und in Übereinstimmung mit unserem authentischen Selbst handeln. Saturn mag uns Grenzen und Beschränkungen auferlegen, die uns das Gefühl geben, gefangen zu sein oder unterdrückt zu werden, aber dies geschieht nur, damit wir uns die Zeit nehmen können, um herauszufinden, was wir wirklich wollen und wofür wir bereit sind zu stehen.

Nachfolgend können Sie eine Zusammenfassung dessen lesen, was der Transit von Saturn in den Fischen für jedes Tierkreiszeichen bringen wird. Wenn du mehr aus all diesen Informationen herausholen willst, empfehle ich dir, diejenige für dein Aszendenten Zeichen zu lesen, wenn du es kennst, und dann die Interpretationen zu kombinieren.

Eine weitere Möglichkeit, mehr über diesen kraftvollen Planetentransit zu erfahren, besteht darin, über die Themen nachzudenken, die sich in Ihrem Leben entwickelt haben, als Saturn das letzte Mal in den Fischen war, nämlich von 1994 bis 1996, um zusätzliche Informationen darüber zu erhalten, was dieser Zyklus Ihnen bringen kann.

Wie wird es sich auf das Zeichen Schütze auswirken?

Saturn in den Fischen wird eine göttliche Ecke deines Geburtshoroskops aktivieren. Diese Ecke wird Fragen auslösen, die damit zu tun haben, wer Sie sind und wer Sie der Welt präsentieren. Ist beides dasselbe, oder präsentieren Sie der Welt eine andere Version von sich selbst? Wie gut kennst du dich wirklich?

Wir alle tragen Masken, und wir alle werden von der Meinung anderer und den Erwartungen der Gesellschaft beeinflusst. Wir alle andern in gewissem Maße unser Verhalten, wenn wir mit bestimmten Menschen zusammen sind. Das ist zwar bis zu einem gewissen Grad und normal, aber Saturn in den Fischen wird dir helfen, die Masken loszulassen, die dir nicht mehr dienen.

Dies ist eine Zeit, in der Sie sich selbst gegenüber ehrlich sind und wissen, wer Sie wirklich sind.

Kein Verstellen mehr, kein Verstecken hinter Perfektionismus und kein Weglaufen, um Ihren Problemen zu entkommen. Keine Suche mehr nach dem nächsten Abenteuer, das Sie von den Realitäten Ihres Lebens ablenkt.

Sie werden gezwungen sein, sich selbst gegenüber ehrlich zu sein, damit Sie nach Hause kommen können, damit Sie sich mit Ihren Wurzeln verbinden können und mit dem, was Sie wirklich sind, weg von all den Masken und Erwartungen, die man Ihnen auferlegt hat. Auf dieser Reise werden Sie vielleicht nach Hause zurückkehren oder die Nähe zu Ihrer Familie suchen. Vielleicht müssen Sie Ihre Wunden aus der Kindheit wieder aufarbeiten oder entdecken, dass die Nähe zu Ihrer Familie bestimmte Muster in Ihnen auslöst.

Das Bedürfnis, nach Hause zurückzukehren, kann aber auch einfach das Bedürfnis sein, in sich selbst zurückzukehren oder irgendwo Wurzeln zu schlagen, wo man sich stabil fühlt. Es gibt dieses Bedürfnis, mehr Stabilität in Ihr Leben zu bringen, sich in einer Art zuhause einzurichten.

Zuhause ist dort, wo das Herz ist, also kann es hier sehr wohl zutreffen, aber es wäre auch nicht verwunderlich, wenn für Sie bestimmte Faktoren rund um Ihr Zuhause oder Ihr Leben auftreten.

Die Saturn-Energie in den Fischen hat ein sehr stabiles Gefühl für dich. Wenn du eine Immobilie kaufen, verkaufen oder dein Haus renovieren willst, kann diese Energie sehr günstig sein. Natürlich ist es immer wichtig, dem eigenen Instinkt zu folgen, aber der Schwerpunkt liegt auf der häuslichen Umgebung.

Diese Energie kann auch sehr günstig sein, wenn Sie eine Familie gründen oder eine festere Beziehung eingehen wollen. Saturn in den Fischen bringt

Wurzeln in dein Leben, und wenn du siehst, wie diese Wurzeln integriert werden, kann dir das helfen, klarer zu erkennen, wo du wirklich verwurzelt sein willst.

Manchmal, wenn wir uns nicht voll engagieren, selbst wenn dies unbewusst geschieht, sind wir uns der Konsequenzen unseres Handelns und der Menschen, die uns umgeben, nicht bewusst.

Aber wenn Saturn einige Wurzeln vor uns baumeln lässt, steht mehr auf dem Spiel, und es wird für uns einfacher zu erkennen, wo wir verwurzelt sein wollen und wo nicht.

Die Anwesenheit dieser Wurzeln kann wie eine Art Erwachen wirken und Ihnen helfen zu erkennen, was für Sie bestimmt ist und was Sie nicht länger mit sich selbst in Verbindung bringen wollen.

Saturn fragt Sie, wo Sie verwurzelt sein wollen, und wird dann dafür sorgen, dass Sie die Verantwortung für Ihre Verwurzelung übernehmen.

Saturn in den Fischen kann eine Menge Gewicht und Verantwortung mit sich bringen, aber du entscheidest, wofür du deine Energie einsetzen willst. Natürlich kann das Leben manchmal in die Quere kommen und sich in den Weg stellen, aber im Großen und Ganzen können Sie wählen, wie Sie Ihre Zeit verbringen wollen. Wenn ihr in dieser Energie geerdet bleiben wollt, kann es notwendig sein, dass ihr euch durch einen Zyklus von Tod und Wiedergeburt bewegt.

Vielleicht müssen Sie sich von einigen Dingen oder Menschen trennen.

Vielleicht müssen Sie Verhaltensweisen oder Muster aufgeben, die Ihnen nicht mehr dienlich sind, und schließlich werden Sie neu geboren, weil Sie im Wesentlichen in einen tieferen und wahreren Ausdruck dessen treten, was Sie sind. Es kann konfrontierend sein, dies zu tun, und es kann eine Menge Ängste und Unsicherheiten hervorrufen, wenn diese Masken fallen, kann es schwierig sein, das zu erkennen, was wir darunter finden, aber ihr seid schön oder schön.

Dein wahres Ich, dein demaskiertes Du ist perfekt und genau das, was die Welt jetzt braucht.

Saturn wird dir helfen, die Mauern einzureißen, die dich gefangen oder versteckt gehalten haben, und dich anleiten, neue Mauern zu errichten, die dir mehr Offenheit und mehr Freiheit erlauben. Als Feuerzeichen ist Freiheit sehr wichtig für dich. Es gibt ein Klischee für den Schützen, das ein Pferd auf einer Weide darstellt, das Pferd ist glücklich auf der Weide, wenn das Tor offengelassen wird, weil es auf der Weide herumlaufen und spielen kann.

Aber wenn die Tür geschlossen ist, ist das Pferd unglücklich, unglücklich und wird alles tun, um zu entkommen.

Während du als der freie Abenteurer des Tierkreises bekannt bist, ist Saturn hier, um Erdung in dein Leben zu bringen. Saturn schließt vielleicht eine Tür, aber er öffnet auch ein Fenster oder eine andere Tür, die du vorher nicht kanntest, und verschafft dir Zugang zu einer ganz neuen Sichtweise. Wenn Saturn in den Fischen auftaucht, kann das etwas auslösend sein, da es sich um eine schwere Energie handelt, während du an Leichtigkeit gewöhnt bist, aber es gibt hier tiefe Lektionen zu lernen und zu entdecken.

Es gibt viele Geschenke, die Saturn zu übermitteln bereit ist. Eines dieser Geschenke ist einfach ein tieferes und verbundeneres Verständnis dessen, wer du bist. Frei von den Masken und Erwartungen der anderen und frei davon, vor deinen Problemen davonzulaufen.

Saturn wird dich zwingen, dich mit ihnen zu konfrontieren und dich mit ihnen auseinanderzusetzen, bis du alles gesehen hast, was sie dir zu zeigen haben, aber durch diesen Prozess wirst du noch größere Freiheit finden.

Ihr werdet frei sein von allem, was in euren Schatten lauert. Ihr werdet frei sein von Scham, Schuld und Leichen.

Saturn in den Fischen mag Sie einschränken, bis Sie Ihr Ziel erreicht haben, aber wenn Sie die Arbeit erst einmal getan haben, wird sich Ihnen eine ganz neue Welt eröffnen, die Sie noch freier erkunden können.

Saturn ist der Hüter unseres Seelenvertrags, das ist der Vertrag, den unsere Seele geschlossen hat, bevor wir in diesen physischen Körper eingetreten sind, und Saturn will sicherstellen, dass wir nach diesem Vertrag leben.

Während Sie sich in den nächsten Jahren durch diese Saturn in Fische-Reise bewegen, werden Sie sich stärker auf Ihren Seelenvertrag ausrichten.

Sie werden sich geerdeter fühlen und Ihre Energie auf das konzentrieren, was wirklich zählt. Auch wenn Ihr Zuhause und Ihr Familienleben zusammen mit den Masken, die Sie tragen, hervorstechen, so sind Sie am Ende des Tages doch einfach mehr bei sich selbst.

Ihr werdet angeleitet, euch von allem zu lösen, was euch begrenzt und klein hält, und euch in das höhere und tiefere Potenzial eures wahren Selbst zu begeben.

Literaturverzeichnis

Einige Informationen wurden aus den von den Autoren veröffentlichten Büchern entnommen: Liebe für alle Herzen, Geld für alle Taschen und Horoskope 2022 und 2024.

Artikel im Nuevo Herald, verfasst von einem der Autoren.

Über die Autoren

Zusätzlich zu ihren astrologischen Kenntnissen verfügt Alina Rubi über eine umfangreiche berufliche Ausbildung; sie hat Zertifizierungen in Psychologie, Hypnose, Reiki, bioenergetischer Kristallheilung, Engelsheilung, Traumdeutung und ist spirituelle Lehrerin. Rubi verfügt über Kenntnisse in Gemmologie, die sie nutzt, um Steine oder Mineralien zu programmieren und sie in kraftvolle Amulette oder Talismane des Schutzes zu verwandeln.

Rubi hat einen praktischen und ergebnisorientierten Charakter, der es ihr ermöglicht hat, eine besondere und integrative Sichtweise auf verschiedene Welten zu haben, die Lösungen für spezifische Probleme ermöglicht. Alina schreibt die Monatshoroskope für die Website der American Asociation of Astrologers; Sie können sie unter www.astrologers.com lesen. Zurzeit schreibt sie eine wöchentliche Kolumne in der Zeitung El Nuevo Herald über spirituelle Themen, die jeden Sonntag in digitaler

Form und montags in gedruckter Form erscheint. Er hat auch ein Programm und ein wöchentliches Horoskop auf dem YouTube-Kanal dieser Zeitung. Ihr Astrologisches Jahrbuch wird jedes Jahr in der Zeitung "Diario las Américas" in der Rubrik Rubi Astrologa veröffentlicht.

Rubi hat mehrere Artikel über Astrologie für die monatliche Publikation "Today's Astrologer" geschrieben und Kurse über Astrologie, Tarot, Handlesen, Kristallheilung und Esoterik gegeben. Auf ihrem YouTube-Kanal stellt sie wöchentlich Videos zu esoterischen Themen zur Verfügung: Rubi Astrologa. Sie hatte ihre eigene Astrologie Sendung, die täglich über Flamingo T.V. ausgestrahlt wurde, wurde von mehreren Fernseh- und Radiosendungen interviewt und veröffentlicht jedes Jahr ihr "Astrologisches Jahrbuch" mit dem Horoskop nach Sternzeichen und anderen interessanten mystischen Themen.

Sie ist Autorin der Bücher "Reis und Bohnen für die Seele" Teil I, II und III, einer Zusammenstellung von esoterischen Artikeln, die in Englisch, Spanisch, Französisch, Italienisch und Portugiesisch veröffentlicht wurden. "Geld für alle Taschen", "Liebe für alle Herzen", "Gesundheit für alle Körper", Astrologisches Jahrbuch 2021, Horoskop 2022, Rituale und Zaubersprüche für den Erfolg im Jahr 2022, Zaubersprüche und Geheimnisse, Astrologie Kurse, Rituale und Zaubersprüche 2024 und Chinesisches Horoskop 2024 sind in fünf Sprachen erhältlich:

Englisch, Italienisch, Französisch, Japanisch und Deutsch.

Rubi spricht perfekt Englisch und Spanisch und kombiniert alle ihre Talente und Kenntnisse in ihren Lesungen. Sie wohnt derzeit in Miami, Florida.

*Weitere Informationen finden Sie auf der **Website** www.esoterismomagia.com.*

Alina A. Rubi ist die Tochter von Alina Rubi. Sie studiert derzeit Psychologie an der Florida International University.

Seit ihrer Kindheit interessiert sie sich für alle metaphysischen und esoterischen Themen und praktiziert Astrologie und Kabbala seit ihrem vierten Lebensjahr. Sie verfügt über Kenntnisse in Tarot, Reiki und Edelsteinkunde. Sie ist nicht nur Autorin, sondern zusammen mit ihrer Schwester Angeline A. Rubi auch die Herausgeberin aller von ihr und ihrer Mutter veröffentlichten Bücher.

*Für weitere Informationen kontaktieren Sie sie bitte per E-Mail: **rubiediciones29@gmail.com***